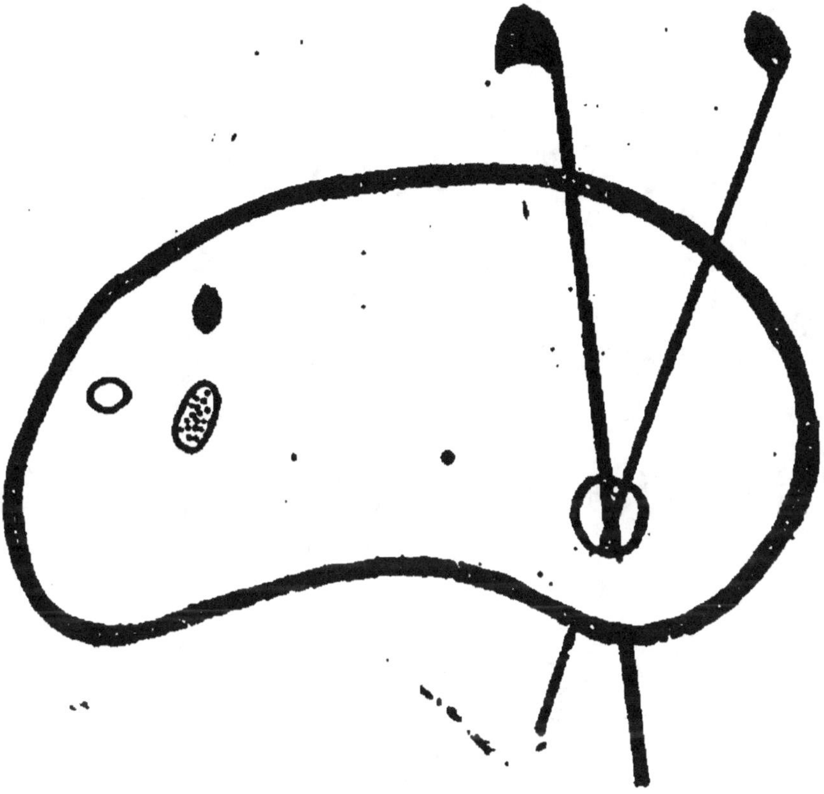

ORIGINAL EN COULEUR

NF Z 43-120-8

RAPHAËL-GEORGES LÉVY

MEMBRE DE L'INSTITUT

SÉNATEUR

LA JUSTE PAIX

OU

LA VÉRITÉ SUR

LE TRAITÉ DE VERSAILLES

PARIS

LIBRAIRIE PLON

PLON-NOURRIT et Cⁱᵉ, IMPRIMEURS-ÉDITEURS

8, RUE GARANCIÈRE — 6ᵉ

PARIS. TYPOGRAPHIE PLON-NOURRIT ET Cⁱᵉ, 8, RUE GARANCIÈRE. — 25184.

LA JUSTE PAIX

ou

LA VÉRITÉ SUR

LE TRAITÉ DE VERSAILLES

RAPHAËL-GEORGES LÉVY

MEMBRE DE L'INSTITUT

SÉNATEUR

LA JUSTE PAIX

OU

LA VÉRITÉ SUR

LE TRAITÉ DE VERSAILLES

PARIS

LIBRAIRIE PLON

PLON-NOURRIT ET Cie, IMPRIMEURS-ÉDITEURS

8, RUE GARANCIÈRE — 6^e

PRÉFACE

Les grands événements de l'histoire ne sont pas toujours mesurés par les contemporains à leur juste valeur. Le recul du temps est nécessaire pour les juger comme ils doivent l'être et pour en comprendre toute la portée. Nous sortons d'une guerre sans précédent, qui s'est terminée par des traités dont il serait bien difficile de trouver l'équivalent, en remontant les siècles du passé. De même que le nombre des nations engagées dans la lutte a dépassé tout ce qui s'était vu jusqu'à ce jour, de même la multiplicité des problèmes à résoudre par les accords qui y ont mis fin est prodigieuse. C'est une sorte de charte de l'Europe nouvelle qui a été signée à Versailles,

à Saint-Germain-en-Laye, à Neuilly-sur-Seine.
Elle s'applique même, en bien des points, à
d'autres parties du monde.

Le livre, que nous avons intitulé la Juste
Paix, s'occupe essentiellement du principal de
ces instruments diplomatiques, c'est-à-dire du
Pacte de Versailles, qui porte la date, à jamais
mémorable, du 29 juin 1919; de cet acte, nous
n'envisageons que les clauses financières et
économiques.

Nous avons pensé qu'il ne serait pas inutile de les remettre sous les yeux du lecteur.
Depuis, en effet, que les nations intéressées ont
pris les engagements solennels que nous venons
de rappeler, une atmosphère étrange a envahi
une partie de l'Europe. Au lieu de songer à
exécuter loyalement les conditions acceptées par
elles, certaines nations ne semblent plus avoir
qu'un but, celui de se dérober à l'accomplissement de leur devoir, de dissimuler leurs ressources, de se présenter aux yeux du monde
comme infiniment plus misérables qu'elles ne
le sont en réalité, de se refuser à l'effort nécessaire et aux réparations indispensables. Quel

contraste entre cette attitude des Germains qui, à peine un traité signé, ne cherchent que le moyen de se dérober à l'accomplissement de leurs obligations solennellement contractées et celle du vaillant peuple de France qui, au lieu de s'endormir sur les lauriers de la victoire, se met courageusement au travail aux champs et à la ville. Dès 1920, nous allons avoir une récolte qui s'approchera de celles d'avant-guerre en dépit des étendues de territoire encore impossibles à cultiver; nos usines, si elles avaient le charbon nécessaire et promis par le traité de Versailles, produiraient beaucoup; elles font des efforts surhumains pour remettre leurs machines en marche. On a publié la statistique des voies ferrées, des routes, des ponts, des travaux d'art de toute nature rétablis ou réparés dans nos départements envahis. C'est une démonstration éloquente du prodigieux effort qui a été fait par nos populations.

Pendant ce temps, l'état d'âme du vaincu se traduit par des résistances passives et sournoises à l'exécution de maints articles des traités. Malheureusement, les obstacles mis au loyal accomplissement de la parole donnée ne sont pas venus que d'un seul côté, de celui duquel on devait les attendre. Chose à peine croyable, il s'est trouvé, parmi les Alliés, certains esprits d'une conformation singulière qui n'ont voulu voir, parmi les charges qui incombent à tous les belligérants, que celles qui sont imposées aux vaincus. Un écrivain, dont le talent égale l'inconscience, a fait, en un volume qui s'est répandu dans le monde anglo-saxon, le procès du traité de Versailles. Il a prétendu démontrer l'impossibilité pour l'Allemagne d'exécuter la plupart des engagements souscrits par elle.

Notre but est de prouver le contraire. L'Allemagne peut nous payer, s'il nous est permis de nous exprimer ainsi, absolument et relativement. Elle le peut absolument, parce que sa richesse, considérable en 1914, est encore grande; elle le peut relativement, parce qu'elle n'a pas été atteinte dans ses œuvres vives, que sa force de production agricole et industrielle est intacte, et que, comparée à la France victorieuse mais mutilée par les affreux procédés de guerre qu'employa son ennemie, celle-ci dispose de la plénitude de ses moyens, tandis que nous aurons besoin de longues années d'un labeur opiniâtre pour relever nos ruines du Nord et de l'Est.

On ne comprend pas, ou on interprète fort mal, la prescription qui est répétée en plus d'un endroit du traité et qui invite ceux qui sont chargés de l'appliquer à s'enquérir des capacités de paiement de l'Allemagne. Il ne s'agit pas de rechercher si ses disponibilités immédiates et tangibles lui permettent de nous verser aujourd'hui les 200 milliards de francs auxquels, d'ores et déjà, on peut évaluer le minimum des dommages subis par nous. Il s'agit simplement de savoir si, après avoir été reconnue débitrice de cette somme ou de telle autre qui résultera de l'évaluation de nos dommages établie jusqu'au 1er mai 1921, conformément au traité, elle est en mesure, dans une période déterminée, de servir l'annuité susceptible d'amortir ce montant, c'est-à-dire d'assurer le service des intérêts et du remboursement. *Poser cette question, c'est la résoudre. Les calculs que nous exposerons à nos lecteurs leur permettront de se rendre compte de la facilité avec laquelle les Allemands peuvent assumer cette charge.*

La France vient de donner un magnifique exemple de courage fiscal en doublant d'un seul coup les impôts, en créant pour dix milliards de francs de ressources nouvelles qui vont, dès 1921, mettre en équilibre notre budget ordinaire. Serait-il admissible que l'Allemagne n'en fît pas autant — et ne voit-on pas aussitôt à quel total on arrive, en considérant que sa population est de 65 millions d'habitants? Aux 20 milliards du budget français réparti entre 38 millions d'habitants correspondent, pour 65 millions de contribuables, plus de 34 milliards de francs de recettes annuelles. Si on les traduisait en marks au cours du jour, qui est de 30 centimes, ces 34 milliards de francs équivaudraient à 113 milliards de marks.

Mais nous n'abuserons pas de cet argument, et nous nous contenterons de soutenir, ce qu'aucun homme de bonne foi ne saurait nier, que l'Allemagne est en mesure de remplir intégralement les conditions qu'elle a acceptées.

Chacun sait que les Teutons excellent à masquer la vérité. En 1870, ils ont réussi à faire croire au monde que nous avions été les agresseurs; en 1914, le kaiser répétait : « Je n'ai pas voulu la guerre.» En 1920, ils gémissent sur le fardeau qui leur est imposé et ils répètent : « Nous ne pouvons pas payer. » Ce serait une faiblesse coupable que de nous laisser émouvoir par ces jérémiades. Trop de gens oublient trop vite. La vision de nos provinces anéanties devrait être présente, nuit et jour, à l'esprit de tous les Alliés. Le souvenir des horreurs commises par l'envahisseur suffit à nous faire comprendre la justice des réparations exigées de lui. La méditation des plans de conquête qu'il tenait prêts nous amène à conclure que nous avons été trop doux et trop modestes dans nos exigences; elle nous convainc de cette vérité que c'est un minimum que nous avons demandé et obtenu, et que, par conséquent, nous ne pouvons avoir désormais qu'une seule politique, celle de l'exécution intégrale du traité de 1919.

Puisse ce tableau fidèle de la situation telle qu'elle se présente en 1920 des deux côtés du Rhin, servir de point de ralliement aux volontés hésitantes de certains de nos Alliés. L'unité de commandement nous a donné la victoire sur les champs de bataille. Faisons comprendre aux Germains que les hommes d'État de l'Alliance sont unis dans leur détermination d'obtenir tout ce à quoi ils ont droit. La capacité de paiement d'un peuple ne résulte pas seulement de l'addition des biens matériels qui, à un moment donné, se trouvent accumulés sur son territoire. Elle dépend encore bien plus de la capacité de production, et, disons-le, de la volonté de travail de ses habitants. C'est ce dernier facteur qui est essentiel. C'est celui qui doit résulter de la certitude que nous imposerons aux Allemands qu'il ne leur sera pas permis de se dérober à l'accomplissement de leurs engagements.

On l'a dit avec raison : le sort d'une bataille dépend avant tout de la conviction du chef qui se croit et s'affirme vainqueur. C'est parce qu'il n'a jamais cessé d'être assuré qu'il l'emporterait sur son adversaire que Foch a triomphé. Que nos diplomates, que nos ministres, que nos envoyés financiers et autres experts se pénètrent de cette simple vérité : « Nous demandons à l'Allemagne de nous rembourser la moitié de ce que nous avons dépensé ou perdu en résistant à sa criminelle agression. Nous l'exigeons, parce que c'est juste et parce que c'est possible. Nous n'abandonnerons pas un franc de nos revendications légitimes, pas une tonne de charbon, pas une tête de bétail. » A partir de la minute où ils auront le sentiment qu'il faut s'exécuter, les Germains paieront, rembourseront, restitueront.

Puisse notre volume aider à répandre la lumière dans l'esprit de nos compatriotes et dans celui de nos Alliés. Puisse-t-il affermir les résolutions de ceux qui ont à cette heure la grave responsabilité de la conduite des affaires publiques. Nous serons récompensés de notre effort, si notre plume, au service de notre pays, et de ses Alliés, a pu aider, pour sa modeste

*part, à nous conserver les fruits légitimes de
la plus grande, mais de la plus chèrement
achetée, des victoires qui ont immortalisé l'histoire de la France impérissable.*

Raphaël-Georges Lévy.

LA JUSTE PAIX

CHAPITRE PREMIER

UNE ABERRATION :
LE LIVRE DE M. KEYNES

I

LE PLAIDOYER PRO-GERMAIN

Voici un livre dont le titre est de nature à éveiller l'intérêt du lecteur : *Les Conséquences économiques de la paix*. Il est signé par un Anglais qui appartient au Collège du roi de l'Université de Cambridge, qui a été temporairement attaché à la Trésorerie britannique pendant la guerre, qui l'a représentée à la Conférence de la Paix à Paris jusqu'au 7 juin 1919, qui a siégé comme remplaçant du Chancelier de l'Échiquier (le ministre des Finances anglais) au Conseil économique suprême. Il semble donc que son auteur ait dû être mieux éclairé que personne sur la portée d'événements auxquels il a été mêlé et de décisions qui ont été prises après discussion avec lui.

Pourquoi faut-il qu'à mainte page de ce livre nous nous heurtions à des assertions que nous pourrions nous attendre à trouver sous la plume d'un Allemand, mais qui nous confondent sous celle d'un Allié? Comment se fait-il qu'ayant voulu être impartial, l'écrivain anglais ait été d'une partialité dont nos lecteurs seront juges? Par quelle singulière déformation visuelle cet universitaire, transformé passagèrement en homme d'État, n'a-t-il été sensible qu'aux sacrifices que le traité de Versailles impose aux Allemands, tandis qu'il semble ignorer les effroyables pertes en hommes et en biens que la barbarie teutonique a infligées aux Alliés, et l'état dans lequel la guerre a laissé la France, l'Italie, la Serbie, pour ne parler que des trois nations le plus durement éprouvées? Par quel étrange renversement de l'ordre naturel de la pensée M. Keynes ne cesse-t-il de se demander comment les Allemands pourront payer ce qu'ils doivent, sans jamais se poser la même question pour les Alliés?

Comment comprendre les lignes suivantes, dans lesquelles l'auteur s'exprime plus violemment sur le traité et ses rédacteurs qu'aucun Allemand n'a osé le faire jusqu'ici : « Les vertus les plus ordinaires chez le simple particulier font souvent défaut aux hommes qui sont les porte-parole des peuples : un homme d'État qui représente sa nation pourra se montrer, sans encourir un blâme trop sévère, vindicatif, perfide, égoïste. Ces qualificatifs s'appliquent à bien des traités, mais la délégation allemande n'a pas réussi à exposer, en des paroles ardentes et prophétiques, le caractère essentiel qui distingue le traité de Versailles de tous ceux qui l'ont précédé dans l'histoire : son manque de sincérité. » M. Keynes considère donc que les Allemands eux-mêmes se plaignent moins que lui, et il se charge d'être leur avocat.

Est-ce vraiment à un Anglais qu'il sied de présenter un plaidoyer pareil, au lendemain de l'effroyable lutte, pendant laquelle les armées du kaiser marchaient en répétant: « *Gott strafe England!* Que Dieu punisse l'An-

gleterre ! » La charité évangélique est une
belle chose, et l'oubli des injures une vertu :
encore a-t-on le droit, avant de la pratiquer,
de chercher à connaître l'état d'âme de l'ennemi de la veille. Mais nous n'insisterons pas
sur ce côté de la question, qu'éclairerait
cependant d'une façon bien utile une étude
sur la mentalité teutonne de l'heure actuelle.
Nous nous cantonnerons sur le terrain économique, où M. John Maynard Keynes,
d'après le titre même du volume que nous
avons sous les yeux, aurait dû se tenir. Nous
le suivrons dans sa critique du traité, à
laquelle il a consacré la plus grande partie
de son livre ; nous espérons en faire ressortir
la fragilité.

Il est urgent que l'opinion publique soit
rectifiée : car l'ouvrage s'est répandu dans
tout le monde anglo-saxon. Il a passé les
mers et se vend aux États-Unis ; il y a du
reste été très discuté, fortement critiqué,
vigoureusement réfuté. Nous avons été gra-
tifiés d'une traduction française qu'un jeune
écrivain a eu la candeur d'offrir à ses compatriotes. Le livre est écrit avec talent ; les
chiffres, présentés d'une façon insidieuse, im-

pressionnent le lecteur qui ne connaît pas le fond des choses. Il est temps qu'une voix s'élève pour arrêter la contagion de ces sophismes, qui éblouissent d'autant plus que, jusqu'ici, la teneur exacte de ce document touffu qui s'appelle le traité de Versailles n'est guère connue ni comprise du public. D'innombrables discours, articles de journaux et de revues, lui ont été consacrés, les uns pour le louer, un plus grand nombre pour le critiquer. En France, en particulier, un concert de plaintes s'est élevé sur l'insuffisance des réparations accordées aux victimes et sur les difficultés que rencontre le relèvement de nos provinces meurtries, qui est cependant le minimum de la tâche que les esprits les plus modérés considèrent comme devant incomber à l'Allemagne, la principale, en ce qui nous concerne, que la paix lui ait imposée.

Ces divergences d'opinion, à elles seules, démontrent que le traité de Versailles n'est point un écrasement pour nos ex-ennemis, puisque tant de Français se déclarent lésés. Mais il n'est plus question chez nous aujourd'hui de revenir sur les clauses de cet instrument solennellement accepté par tous les signataires ; ce qui n'empêche pas que, de l'autre côté du Rhin, on s'enhardit de plus en plus à parler de la revision. Sur la rive gauche, nous sommes unanimes à ne demander qu'une chose : l'exécution du pacte. Comment M. Keynes ne comprend-il pas que le fait seul, de la part des Alliés, d'admettre le principe d'une revision serait la condamnation irrémédiable de tous les accords intervenus? Une pierre enlevée à la muraille la ferait s'écrouler tout entière. Or cette muraille est la seule qui nous protège contre le retour, toujours à redouter, de l'esprit de conquête, de violence, d'injustice, de barbarie, qui est loin d'avoir disparu chez certains de nos adversaires d'hier. Comment oublier qu'ils ne reconnaissent que la force, qu'ils ne s'inclinent que devant la force, et qu'ils considéreraient comme l'aveu le plus insigne d'une faiblesse irrémédiable, la réouverture, consentie par les Alliés, d'une discussion sur un seul article du traité? Avec notre terrible légèreté, avons-nous déjà oublié les leçons de la guerre? Est-ce hier que Tacite définissait les Germains *natum mandacio genus,* engeance née pour le mensonge? Allons-nous nous laisser prendre à l'hypocrisie de leurs doléances, à leur prétendue incapacité de tenir leurs engagements? En vérité, est-ce à nous à nous substituer aux vaincus et à mesurer avec attendrissement leurs facultés de paiement, en nous alarmant à l'idée d'avoir dépassé d'une ligne la limite de cette capacité? Rien n'est d'ailleurs plus difficile, en toute bonne foi, que d'opérer cette détermination. Les possibilités de production d'un peuple ne dépendent pas seulement des moyens matériels dont il dispose ; elles sont fonction de la volonté de travail et d'effort qu'il déploie. Or c'est cette volonté qui doit exister chez le vaincu comme d'ailleurs aussi chez le vainqueur : mais il faut que le premier sache que nous veillerons à ce qu'il ne se dérobe pas à sa tâche. Elle est étendue, nous n'en disconvenons pas ; mais elle est loin de dépasser les forces germaniques. C'est ce que nous démontrerons dans la partie de notre étude qui sera consacrée au tableau de la situation économique de l'Allemagne, emprunté en grande partie à ses propres écrivains.

Nous nous bornerons à citer aujourd'hui

l'opinion d'une des plus hautes autorités
américaines, celle de l'éminent professeur
Taussig de l'université de Harvard, qui est
un maître en matière financière et qui a pris
part aux travaux de la Commission des
États-Unis à Paris. A la dernière session de
l'Association économique américaine, tenue
à Chicago en décembre 1919, M. Taussig,
dans son rapport sur « les paiements de l'Allemagne au titre des réparations », a déclaré
que, si le fardeau était lourd, il ne dépassait
pas les forces de ce pays. Examinant l'ensemble de la situation, M. Taussig estimait
que la France et plusieurs de ses Alliés
avaient besoin de recevoir immédiatement de
l'Allemagne des titres de rente négociables,
afin de pouvoir les aliéner et se procurer de la
sorte les ressources nécessaires à la reconstitution des régions dévastées. Il exposait le
mécanisme du commerce extérieur au moyen
duquel l'Allemagne sera en mesure de verser
annuellement aux Alliés un montant d'un
milliard de dollars, c'est-à-dire, au pair 5 milliards, au change actuel 16 milliards de
francs. Nous aurons à nous souvenir de ce
chiffre quand nous discuterons ceux de

M. Keynes. Ce dernier ne récusera peut-être
pas un témoignage venu de l'autre côté de
l'Atlantique.

Il est une autre considération que nous ne
devrions jamais perdre de vue et qui semble
s'être déjà évanouie dans les brouillards d'un
passé lointain, c'est celle des plans que l'Allemagne avait préparés pour le lendemain de
sa victoire, lorsqu'elle la croyait certaine :
nous remettrons sous les yeux du lecteur les
clauses soigneusement méditées par les généraux, les financiers, les industriels, les fonctionnaires germains, et qui nous auraient été
imposées avec une rigueur dont il serait
enfantin de douter. Nous sommes probablement loin de connaître tout ce qui aurait été
exigé de nous, si la fortune des armes nous
avait trahis. Mais des aveux précieux, échap-
pés à la plume ou à la bouche de certains
chefs allemands, nous permettent de dire que
le traité de Versailles est bien anodin auprès
de celui qui nous aurait été dicté et qu'un
vainqueur impitoyable aurait su faire exécuter sans atermoiement ni adoucissement d'aucune sorte.

Nous n'écrivons point ces lignes pour ré-

veiller, dans le cœur des Alliés, des senti-
ments qui ne seraient cependant que trop
naturels, envers les auteurs de maux effroyables. Nous désirons l'apaisement ; nous
considérons que l'Europe, après le cata-
clysme, a droit au repos, et que ce repos doit
être assuré par le rétablissement de relations
normales entre tous les peuples. Nous ne
voulons, pour notre part, faire aucun obstacle
à la reprise de la vie économique sur la rive
droite du Rhin.

Mais, en vérité, ce désir ne doit pas avoir
pour conséquence le renversement des rôles.
Les difficultés contre lesquelles quelques-uns
des Alliés ont à lutter aujourd'hui sont plus
grandes que celles de l'Allemagne ; les souffrances des populations dont le territoire a
pour ainsi dire disparu dans des convulsions
mortelles sont infiniment plus dures que celles
de leurs ex-ennemis, qui n'ont connu les
maux de l'invasion que pendant une très
courte période, lorsque les armées russes
occupèrent la Prusse orientale en 1914.
Quelles sont les usines, quelles sont les mines
allemandes qui ont été détruites? où sont les
familles dont les membres aient subi les tor-

tures et les outrages qui ont été infligés à des centaines de milliers, à des millions de Français, de Belges, de Serbes, d'Italiens? On a compté les soldats tombés sur les champs de bataille, les blessés et les mutilés militaires. Mais qui dira le nombre des civils, hommes, femmes, enfants, qui meurent encore tous les jours des suites des traitements barbares qui leur ont été infligés, de l'esclavage auquel ils étaient réduits?

Ce n'est pas au point de vue sentimental que nous nous plaçons lorsque nous évoquons ces drames qui datent d'hier et qui, pour certains hommes, à la mémoire courte, semblent déjà rejetés dans le passé crépusculaire de l'histoire. C'est pour rappeler qu'au point de vue strictement économique, ils ont eu, pour les Alliés, des conséquences très graves : c'est un affaiblissement de la race et par conséquent du pouvoir de production de la France en particulier, que cet état de maladie dans lequel nous ont été rendus un grand nombre de nos prisonniers, de nos habitants des régions envahies. La quantité de tuberculeux qui encombrent nos sanatoria et pour lesquels, hélas ! les abris sont bien insuffisants, est, à elle seule, un témoignage du mal qui nous a été causé et dont les effets se feront sentir à travers bien des générations !

Le premier soin de celui qui veut étudier les conditions dans lesquelles se trouvent, au lendemain de la guerre, les belligérants de la veille, doit être de faire entrer en ligne de compte non seulement les manifestations extérieures de la richesse, mais les éléments profonds de la puissance productrice, qui sont à la base du problème. C'est ce que M. Keynes a négligé de faire ; cette omission vicie tout son travail.

II

LA CRITIQUE DU TRAITÉ

Nous ne nous arrêterons pas au côté anecdotique et pittoresque du volume, qui a certainement beaucoup contribué à son succès. M. John Maynard Keynes décrit avec humour les grands acteurs de la conférence. De M. Clemenceau il trace un portrait assez vivant ; il rend hommage à son patriotisme, à sa hauteur de vues : il déclare que celles des grandes lignes du traité qui, au point de vue économique, représentent une idée, sont dues à Clemenceau, parlant au nom de la France. Il considère que c'était de beaucoup le plus remarquable des quatre chefs qui élaborèrent le pacte. Il le met au-dessus du président Wilson, de MM. Lloyd George et Orlando. D'après M. Keynes, le but poursuivi par l'homme d'État français était de revenir à l'état des choses d'avant 1870 et de défaire tout ce que l'Allemagne avait accompli depuis lors. Il l'accuse d'avoir, en cela, suivi une politique de « vieillard » qui ne veut pas reconnaître qu'un ordre de choses nouveau s'est formé, et qui cherche uniquement à imposer à l'ennemi vaincu ce que l'auteur appelle « une paix carthaginoise ». M. Keynes déclare cette solution impossible et considère que des forces supérieures renverseront l'édifice construit d'après ce point de vue faux.

Nous avouons, pour notre part, avoir vainement cherché dans le traité cette volonté de détruire l'œuvre de 1870. Y a-t-il eu la moindre atteinte portée à l'unité allemande?

N'avons-nous pas vu, dès 1919, le *Reich*, c'est-à-dire le gouvernement soi-disant nouveau, racheter les chemins de fer qui étaient encore la propriété d'États particuliers et réaliser ainsi un pas important dans la voie de l'unité et de la centralisation? Est-ce là une œuvre qui tende à briser les cadres de cet empire sans empereur, qui continue d'ailleurs à en garder le nom? Les Hohenzollern ne sont plus à Potsdam; mais, de l'Elbe au Rhin, de l'Oder au Weser, il n'est question que de *Reich*, tout comme avant la fuite en Hollande.

Continuons la lecture des pages que M. Keynes consacre à la description des personnages qui tenaient, à la conférence, le devant de la scène. Entre M. Lloyd George et le président Wilson, dit-il, la partie n'était pas égale. « Ce dernier était une sorte de presbytérien, de pensée et de tempérament théologiques, qui, contrairement à l'attente générale, n'avait rien préparé et qui arrivait avec des idées vagues et incomplètes. De plus, sa conception était lente. Il n'était pas capable de saisir instantanément tout ce que disaient ses interlocuteurs, de juger en un clin d'œil une situation. Rarement un homme d'État, dans un poste de première grandeur, a été aussi peu à même de suivre les évolutions d'une discussion. Il ne remédiait pas à ce défaut en prenant conseil de ses lieutenants. Il avait autour de lui des hommes de valeur, mais inexpérimentés en ce qui concerne les affaires publiques et aussi ignorants de l'Europe que le président lui-même. »

C'est alors, dit M. Keynes, que les collègues de M. Wilson tissèrent autour de lui « cette toile de sophismes et d'exégèse jésuitique qui devait finir par dénaturer les termes et la substance du traité. Aussi quel fut le résultat? La conférence de Paris ne s'inquiéta pas de la vie future de l'Europe. Elle se préoccupa des frontières et des nationalités, de l'équilibre des forces, d'extensions impérialistes, de l'affaiblissement d'un ennemi puissant et dangereux, de la revanche, du transport de charges financières intolérables des épaules des vainqueurs sur celles des vaincus. »

Ce jugement, qui résume les critiques de M. Keynes, nous semble d'une étrange fausseté. Comment! La Conférence ne s'est pas

souciée de la vie future de l'Europe ! Mais ce
fût au contraire sa préoccupation dominante.
Tout imprégnée des souffrances des nationalités opprimées, telles que l'Alsace-Lorraine,
la Pologne, la Bohême, la Transylvanie, le
Trentin, elle s'est appliquée, avec une louable
énergie, à faire disparaître ces causes per-
manentes de troubles ; elle a rendu à leur
patrie les provinces qui en avaient été brutalement arrachées, elle a donné l'indépendance à celles qui justifiaient leur droit à
une vie propre. La Conférence a entrepris là
une tâche très simple, lorsqu'il s'agissait d'une
Alsace-Lorraine restée indéfectiblement fidèle
à des liens séculaires, plus difficile quand elle
arrivait à des régions comme la Yougo-Slavie,
où les vœux des populations ne se prononcent
pas unanimement dans le même sens. Mais,
dans tous les cas, c'est bien la vie future de
l'Europe qu'elle a voulu régler, en la mettant,
dans la mesure du possible, à l'abri des guerres
que provoquent des revendications nationa-
listes.

M. Keynes reproche aux négociateurs « de
s'être préoccupés des frontières. » N'était-ce
pas là une conséquence naturelle du premier

devoir qu'ils remplissaient en cherchant à constituer des États homogènes, peuplés d'habitants unis entre eux et répondant par cela même à la belle définition que Renan donnait un jour d'une nation : « réunion d'hommes ayant la volonté de vivre ensemble »? Il est vraiment étrange de faire grief à ceux qui étaient alors les arbitres du monde d'avoir cherché à écarter pour l'avenir des sujets de conflit. On peut dire au contraire que le thème, le *leitmotiv* du traité de Versailles, celui qui y reparaît à chaque instant, c'est l'effort le plus scrupuleux qui se puisse concevoir vers une organisation politique conforme aux principes de justice et de liberté, justice pour les États anciens ou nouveaux, liberté pour les individus de s'agréger à la patrie de leur choix.

Quant à « l'équilibre des forces », nous ne voyons pas que rien, dans l'œuvre de Versailles, justifie le reproche qui lui serait fait d'avoir voulu créer artificiellement des empires d'égale superficie, d'égale population ; de façon que cette égalité constituât un équilibre qui les tiendrait réciproquement en respect. Cette conception inspirait, il y a un

siècle, les décisions du Congrès de Vienne,
qui, pour arriver à ce résultat théorique, faisait exactement le contraire de ce qui s'est
pratiqué à Versailles, c'est-à-dire découpait
sur la carte des royaumes, sans s'inquiéter
le moins du monde des aspirations de leurs
habitants ; il traitait un tel facteur de quantité négligeable et arrondissait les territoires
en faisant de l'arithmétique et non de la justice politique. Des critiques moins aveugles
que M. Keynes ont au contraire reproché au
Pacte de 1919 d'avoir, sous l'empire de préoc-
cupations d'ordre moral, créé des États de
dimensions trop différentes les unes des
autres : mais cette disparité même est un
hommage rendu aux principes de droit, dont
les « Quatre puissants » (*The big four*) se sont
inspirés, à l'encontre des mobiles qui dic-
taient jadis les combinaisons d'un Metter-
nich.

Extensions impérialistes... Où sont-elles ?
nous voudrions que l'auteur nous en citât
une seule résultant du traité. Il ne manquait
pas en France de voix qui s'élevèrent pour
réclamer la frontière intégrale du Rhin, le
retour à la mère patrie de contrées qui, à

diverses époques de l'histoire, en avaient fait partie. Nous pouvons énumérer les villes et les campagnes où le souvenir de l'administration française est resté vivant et dont les habitants célèbrent encore les bienfaits de notre civilisation, de nos mœurs, de nos principes. La Conférence a-t-elle écouté ces revendications? A-t-elle fait autre chose que nous rendre uniquement les départements qui nous avaient été arrachés en 1870 et qui n'avaient pas cessé, depuis un demi-siècle, de protester contre la violence qui leur était faite?

Passons aux autres reproches de M. Keynes. La Conférence, dit-il, s'est préoccupée « d'affaiblir un ennemi puissant et dangereux ». Est-ce là vraiment un grief à faire valoir? Lorsque le globe tout entier a été ébranlé dans ses fondements par une agression comme celle de juillet 1914, est-il interdit au vainqueur de prendre des précautions pour éviter le retour de semblables catastrophes? Et n'est-ce pas au contraire un devoir pour lui que de s'efforcer de mettre le perturbateur de l'ordre mondial hors d'état de nuire? Le reproche que M. Keynes devrait plutôt adresser aux plénipotentiaires serait de n'avoir pas pris de mesures assez efficaces pour assurer ce désarmement. L'Allemagne a encore sur pied des effectifs bien supérieurs à ceux qui ont été fixés ; elle détient des armes et des munitions dans une proportion qui dépasse extraordinairement les chiffres permis. Ces manquements à la parole donnée ont pour conséquence une lourde aggravation des charges des Alliés, en particulier de la France, obligée de mobiliser et d'entretenir des forces d'autant plus nombreuses qu'elle ignore celles qu'elle a en face d'elle, de l'autre côté du Rhin.

Quant à prétendre que le traité pousse à la revanche, nous ne voyons pas qu'un seul des 440 articles du 28 juin 1919 justifie cette accusation. C'est le contraire de la vérité. La préoccupation dominante des rédacteurs de l'acte a été d'éviter le retour des guerres et par conséquent d'étouffer dans l'œuf, pour ainsi dire, l'esprit qui pourrait les provoquer. Y a-t-il rien dans leur œuvre de semblable aux stipulations du traité de Francfort de 1871 ? Alors ce furent 2 millions d'hommes arrachés contre leur volonté formelle à leur patrie ; ce fut l'extorsion d'une indemnité de 5 milliards, qui dépassait trois ou quatre fois les frais de la guerre. Quant aux dommages matériels, il n'y en avait point eu de subis par l'Allemagne, puisque toute la campagne, cette fois-là aussi, avait eu la France pour théâtre. En 1919, on consulte les populations des territoires contestés. On ne réclame pas un centime pour les frais de guerre, qui se sont élevés à des centaines de milliards ; tout ce qu'on demande, c'est la réparation de dommages, dont les plus graves sont irré-parables : car ni l'or ni le charbon que l'Allemagne s'est engagée à livrer ne rendront la vie aux centaines de milliers de civils morts à la suite des tortures qui leur furent infligées et de militaires qui n'ont pas survécu ou ne survivront pas aux horreurs des camps d'internement et de représailles.

Enfin M. Keynes semble critiquer, plus que toutes les autres, les dispositions du traité « qui transportent des charges finan-cières intolérables des épaules des vain-queurs sur celles des vaincus ». Admettrait-il par hasard que ces derniers fussent mieux traités que nous, et conteste-t-il l'équité d'une solution qui, sans rien exiger qui ressemble à une contribution de guerre, oblige les Allemands à réparer les dommages qu'ils ont causés? Faudrait-il que la France reconstruisît à ses frais ses villes détruites, ses usines rasées, remît en état ses houillères anéanties? Cette restauration du *no man's land*, du pays innomé, incombe-t-elle ou non à la puissance qui l'a rendue nécessaire? et ne supportera-t-elle pas plus facilement la charge que la nation dont les organes essentiels ont été partiellement amputés?

Cet état de choses est-il de notre fait? Est-ce notre faute si la guerre, en suspendant pendant cinq ans la production industrielle normale, a surélevé le prix des choses, si bien que les frais de reconstruction représentent trois, quatre et cinq fois la valeur d'avant-guerre? Il y a eu là une destruction formidable de capital : ceux qui en furent les auteurs doivent le reconstituer. Ils auront à faire un effort pour s'acquitter de la tâche. Quel est le juge qui verrait à y redire?

III

LES PRÉTENDUES VIOLATIONS
DES QUATORZE POINTS DU PRÉSIDENT WILSON

Abordons maintenant un autre ordre d'idées. Non seulement M. Keynes blâme les dispositions économiques du traité de Versailles, mais il adresse à cet instrument un reproche bien plus grave, au point de vue moral. Il s'évertue à prouver que le traité de paix a violé, de plusieurs façons, les quatorze points du fameux message du président Wilson du 18 janvier 1918 qui, dit-il, devait servir de base à la négociation. Il va jusqu'à écrire cette phrase qui montre mieux qu'aucune autre de quel esprit l'auteur est animé : « Les Allemands n'ont pas eu de peine à démontrer que le traité constitue une violation des engagements pris et *un acte comparable, au point de vue de la morale internationale, à l'invasion de la Belgique.* » N'est-ce pas le cas de nous écrier : jusqu'à quelle partialité la recherche de l'impartialité peut-elle entraîner un homme? Nous avons, pour notre part, recommencé, à plusieurs reprises, la lecture de ce passage, que nous aurions voulu croire apocryphe et qui nous paraît révéler, chez celui qui l'a écrit, un état d'esprit tel que la portée de tout le reste de l'ouvrage en est singulièrement affaiblie. Il constitue en effet l'aveu d'une confusion lamentable entre les responsabilités de l'agresseur violant tous ses engagements et déchaînant sur le monde, de propos délibéré, une catastrophe sans exemple, et celles de négociateurs qui se dévouent à une œuvre de paix et de justice. Le livre n'est pas un travail historique, fait pour instruire le lecteur de ce qui a été décidé pour assurer le repos de l'Europe et du monde. C'est un réquisitoire qui est dressé contre le traité, dans des termes qu'il nous est pénible de reproduire : car il est mauvais que de pareilles allégations soient répandues dans le public, alors même que la fausseté en apparaît à tous les esprits non prévenus. Il le faut cependant : notre réfutation serait inintelligible si nous ne faisions pas connaître au préalable les affirmations de M. Keynes.

Il accuse textuellement M. Lloyd George et

M. Clemenceau d'avoir « berné » (*bamboozled*) le président Wilson et d'avoir conduit les négociations « d'une manière frauduleuse, chicanière et déshonorante ». On s'était, paraît-il, solennellement engagé « à traiter avec l'Allemagne sur certaines bases »; et, après que les candides Germains eurent mis bas les armes, « on revint sur la parole donnée ». N'est-il pas de notoriété publique au contraire que les Allemands, à la veille d'un désastre militaire sans précédent, se sentant perdus, implorèrent l'armistice à tout prix.

Le Conseil suprême, par la plume de son président, M. Clemenceau, a répondu par avance aux affirmations de M. Keynes, qui ne fait, en somme, que répéter, en les résumant, les protestations contenues dans une note allemande de soixante mille mots, transmise au cours des négociations et à laquelle M. Clemenceau répliquait, après avoir rappelé la correspondance qui avait précédé l'armistice, en ces termes : « Les Puissances alliées et associées estiment que la paix proposée par elles est une paix foncièrement juste ; elles sont également certaines qu'elle est conforme au droit, sur les bases convenues. Les propositions qu'elles font au point de vue territorial sont conformes aux principes qui ont été admis et sont nécessaires à la paix future de l'Europe. »

Quant aux clauses de réparation, que M. Keynes, rééditant les objections de M. Brockdorff-Rantzau, accuse de réduire l'Allemagne en servitude pour une génération, M. Clemenceau les qualifie comme suit : « Elles limitent le montant réclamé de l'Allemagne à ce que justifient clairement les termes de l'armistice, c'est-à-dire les dommages causés aux populations par l'agression allemande. » Le président Wilson s'est pleinement associé à cette manière de voir. Le 6 juin 1919, il déclarait à un représentant du *Matin :* « Notre projet de traité ne viole aucun de mes principes. Si je le croyais, je n'hésiterais pas à l'avouer et à redresser l'erreur commise. Le traité est entièrement conforme à mes quatorze points. » Les Allemands eux-mêmes avaient parfaitement compris la portée de la clause qui ordonnait qu'ils eussent à « réparer tous les dommages causés à la population civile des Alliés et à ses propriétés par l'agression germanique sur terre, sur mer, et par la voie de l'air ». Ludendorff, dans ses *Mémoires*, écrit ce qui suit : « Le 23 ou le 24 octobre 1918, arriva la réponse énergique que Wilson faisait à notre note piteuse. Il exposait cette fois clairement que les conditions de l'armistice devaient être de nature à empêcher l'Allemagne de reprendre les hostilités et à donner aux Puissances alliées le pouvoir de régler elles-mêmes les détails de la paix acceptée par l'Allemagne. Dès lors, nous n'avions plus, selon moi, qu'à continuer la lutte. » Hindenburg pensait de même ; le 24 au soir, il signait l'ordre du jour suivant destiné aux armées : « Wilson ne négociera avec l'Allemagne que si elle accepte toutes les demandes des alliés de l'Amérique en ce qui concerne son organisation intérieure. La réponse de Wilson constitue en réalité une demande de reddition sans condition. Elle est inacceptable pour des soldats ; il ne nous reste qu'à résister de toutes nos forces. » Cet ordre de Hindenburg n'a jamais été publié. Lui et Ludendorff se retiraient le 27 octobre. Le gouvernement allemand acceptait alors les conditions posées par la communication du président Wilson du 23, et déclarait : « Nous attendons une proposition d'armistice, qui sera le premier pas vers la juste paix annoncée par la proclamation du président. » Il se réservait donc le droit de rejeter les termes de l'armistice, s'ils ne lui paraissaient pas conformes à ce desideratum. Les armées continuèrent à se battre. Le 8 novembre, le texte de l'armistice fut remis aux Allemands : il était extrêmement développé, beaucoup plus étendu que ne le sont en général des documents de ce genre, et indiquait clairement quelles seraient les conditions de la paix. Les Allemands avaient soixante-douze heures pour étudier la proposition et étaient libres de la rejeter. Le 11 novembre, à 5 heures du matin, ils l'acceptèrent. Il est donc bien évident que c'est dans les termes seuls de l'armistice, et non ailleurs, qu'il convient de chercher les bases de la paix. Or, nous l'avons vu, le président Wilson lui-même estime que cette paix qu'il a signée et dont il a vainement demandé la ratification au Sénat américain, est non seulement conforme aux stipulations de l'armistice, mais même à celles de son premier message des quatorze points.

Continuons l'analyse du réquisitoire. Le

traité vise, paraît-il, la destruction systématique de l'Allemagne : il lui prend ses navires, son commerce, ses colonies, ses pla-
cements étrangers, une grande partie de son
charbon et de son fer et des industries con-
nexes ; il place sous contrôle étranger ses
transports intérieurs et ses tarifs douaniers.
C'est là, selon l'auteur « une politique contraire à la religion et à la morale, détestable,
d'ailleurs inapplicable, en opposition avec la
nature humaine et l'esprit moderne. Si on y
persiste, elle amènera une régression de la vie
civilisée en Europe. » Les remèdes indiqués
du « crime monstrueux qui s'est consommé à
Versailles » consistent en une revision complète du traité au bénéfice de l'Allemagne, en
l'émission immédiate d'un emprunt international, dont le produit irait en majeure partie
aux Allemands, en la constitution d'une
Europe centrale s'étendant de Hambourg à
Constantinople et même plus loin sous l'égide
d'une union douanière, embrassant l'Allemagne, la Pologne, l'Autriche, les nouveaux
États tchéco-slovaque et yougo-slave, la Turquie. M. Keynes nous invite à encourager et
à aider l'Allemagne « à reprendre en Europe

son rôle de créateur et d'organisateur de richesse pour ses voisins du sud et de l'est, de façon à hâter le jour où ses agents seront en mesure de faire jouer le facteur économique dans le moindre village de la Russie ».

En d'autres termes, les Alliés doivent travailler à former un bloc de 300 millions d'hommes qui, de Hambourg à Vladivostock, en passant par Constantinople, Tashkent, Irkoutsk, Arkhangel et Dantzig, soit contrôlé par Berlin. Comme le disait l'autre jour à New-York un spirituel Américain, si l'on suivait les idées de l'auteur, un universitaire allemand pourrait bientôt prendre la plume, écrire la suite du livre célèbre de Treitschke et expliquer comment l'Allemagne du vingtième siècle aurait su, de sa défaite militaire, faire une victoire économique.

IV

LES CALCULS DE M. KEYNES

M. Keynes veut nous démontrer à la fois que les revendications des Alliés dépassent de beaucoup la réalité du mal qui leur a été fait et que les Allemands sont hors d'état d'effectuer les réparations qui ont été mises à leur charge.

Il conteste tout d'abord l'évaluation des dommages, dressée par le député français M. Louis Dubois, dans son rapport si étudié sur les clauses financières du traité de Versailles. Il se fonde pour cela sur des calculs plus ou moins hypothétiques de la fortune globale française : il prétend mesurer la part de cette fortune correspondant aux régions envahies d'après la portion du territoire qu'elles représentent. Or ce calcul est faux : car les départements du Nord et de l'Est qui ont été détruits tenaient, dans l'agriculture et dans l'industrie françaises, une place infiniment plus vaste. M. Keynes assure que les dommages de tout genre causés à ces régions ne dépassent pas 500 millions de livres sterling, alors que M. Dubois donne le chiffre de 74 milliards de francs pour les dommages causés aux personnes et 136 milliards pour les pertes de biens. Il faut tout d'abord s'entendre sur le change auquel, dans cette discussion, on compte les francs par rapport à la livre sterling. M. Keynes fait cette transformation au pair de 25 francs, alors que le change actuel est de 50 francs ; c'est-à-dire que les 74 milliards de M. Louis Dubois correspondent à 1 500 et non pas à 2 600 millions de livres sterling. Il y a déjà là une différence considérable. Si on rétablit ainsi les équivalences, on voit que les écarts entre les chiffres de M. Keynes et les nôtres diminuent. Il est d'ailleurs évident qu'il faut calculer de la sorte : car c'est précisément la dépréciation du franc par rapport à la livre qui est une des causes du renchérissement général et qui fait que les sommes à dépenser pour reconstituer les régions envahies dépassent plusieurs fois celles auxquelles leur valeur était estimée en 1913. Comment s'étonner dès lors que M. Loucheur ait évalué à 10 milliards de plus que M. Louis Dubois les dépenses nécessaires? M. Keynes lui oppose l'étude d'un statisticien français qui comptait à 35 milliards la fortune totale des habitants de ces régions avant la guerre. Si le coût de la reconstitution est quadruple de l'ancienne valeur, l'invraisemblance de l'écart disparaît.

M. Keynes veut nous prouver que l'Allemagne n'est pas en mesure de fournir le charbon qu'elle s'est engagée à livrer aux Alliés, à savoir : 7 millions de tonnes à la France par an pendant dix ans ; 8 millions de tonnes par an pendant dix ans à la Belgique ; à l'Italie, des quantités croissant de 4 et demi à 8 millions et demi de tonnes pendant dix ans, et enfin, au Grand-Duché de Luxembourg, une quantité égale à celle que l'Allemagne lui vendait avant 1914. Le tout forme un ensemble d'environ 25 millions de tonnes par an. En 1913, la production houillère allemande était de 191 millions de tonnes, dont 19 étaient consommées sur place et 33 exportées. Il restait donc 139 millions pour les besoins intérieurs. Si l'on en déduit les 25 millions ci-dessus, plus les 20 millions que l'Allemagne doit, pendant quelques années, à la France pour remplacer le tonnage que ne fournissent pas ses houillères du Nord et du Pas-de-Calais, il reste un chiffre qui, nous dit-on, est inférieur aux besoins de l'Allemagne. Nous regrettons que M. Keynes n'ait pas fait un calcul analogue pour la France et n'ait pas démontré à ses lecteurs, ce qui était aisé, que notre situation est encore bien plus critique. Nous avions besoin, avant la guerre, de 60 millions de tonnes, dont nous importions le tiers ; notre production de 40 millions est réduite de moitié. Nous n'avons donc en ce moment, par nous-mêmes, que le tiers du combustible qui nous est nécessaire. Avons-nous outrepassé nos droits en exigeant de l'Allemagne des livraisons qui, même si elles étaient faites ponctuellement, ne suffiraient pas à nous remettre dans la situation où nous étions en 1913? Nous ne recevrions en effet que 27 millions de tonnes qui, ajoutées à notre production de 20 millions, ne nous donnent que 47 millions, soit un cinquième de moins que notre consommation de 1913. Qui donc empêche l'Allemagne de se mettre énergiquement à la tâche et d'augmenter sa production, de façon à subvenir à la fois à ses besoins et à ses engagements?

M. Keynes critique violemment la remise, imposée à l'Allemagne, de tous ses bâtiments de commerce de plus de 1 600 tonnes, et d'une partie de ceux d'un tonnage moindre. Mais cette cession ne rend pas à l'Angleterre ni à la France le tonnage de ces deux puissances qui a été détruit par les torpillages allemands : l'Allemagne se trouvera dans la situation où elle était avant la création, relativement très récente, de sa marine marchande et dont les États-Unis eux-mêmes souffraient avant la guerre, alors qu'ils effectuaient la majeure partie de leur exportation et de leur importation sous pavillon étranger.

M. Keynes s'élève contre les stipulations du traité concernant les propriétés allemandes situées hors des frontières, particulièrement dans les ex-colonies de l'Empire et en Alsace-Lorraine. Mais le produit de la liquidation de ces propriétés doit être imputé au compte des réparations dues par l'Allemagne. Cette clause ne constitue donc qu'un mode d'accélérer le règlement de ce compte, auquel elle ne fournira d'ailleurs qu'une fraction bien faible du total exigible. Il en est de même de la faculté laissée aux Alliés de liquider les biens allemands situés sur leur territoire, et d'en verser le produit au compte de compensation qui doit grouper les créances et les dettes des particuliers et des sociétés dont la liquidation est confiée à leurs gouvernements respectifs.

M. Keynes déclare ne pas comprendre le pouvoir conféré à la Commission des réparations d'exiger de l'Allemagne, avant le 1er mai 1921, un paiement, en espèces ou en nature, d'une somme d'un milliard de livres sterling : mais ce n'est là qu'une application du principe de l'obligation de réparations, puisque tout ce qui sera payé de ce chef viendra en déduction du montant mis à la charge de l'Allemagne. Nous aurons occasion d'expliquer ces clauses avec plus de détails, lorsque nous analyserons le traité. Nous avons voulu, dès aujourd'hui, montrer dans quel esprit d'hostilité préconçue M. Keynes commente une série de dispositions, qui ne sont que la conséquence logique d'un principe que lui-même n'a pas osé combattre ouvertement, tant il est légitime.

V

LA REVISION DEMANDÉE

M. Keynes ne vise à rien moins, pour corriger le traité qu'il abhorre, qu'à un ren-

versement des gouvernements européens qui
l'ont signé. Il excepte toutefois de cette révolution, nécessaire à ses yeux, son propre pays, la
Grande-Bretagne, dont il considère la situation économique comme beaucoup moins péril-
leuse que celle des nations continentales. En
attendant, il refait à sa guise l'instrument diplomatique et propose l'arrangement suivant :

1º Le montant des versements à effectuer
par l'Allemagne, au titre des réparations et
du remboursement des frais de l'occupation
par les armées alliées, serait fixé à 2 milliards
de livres sterling ;

2º Les livraisons de navires de commerce et
de câbles sous-marins stipulées par le traité,
du matériel de guerre prévues par l'armistice, des biens domaniaux sur les territoires
cédés, des créances sur ces territoires du chef
de la dette publique, des créances de l'Allemagne contre ses ex-alliés, seraient estimées
à une somme forfaitaire de 400 millions de
livres sterling ;

3º Le solde de 1 500 millions ne porterait
pas intérêt et serait payable par l'Allemagne
en trente annuités de 50 millions chacune, à
partir de 1923 ;

4° La Commission des réparations serait dissoute, ou ne serait conservée que comme une annexe de la Ligue des Nations ; elle comprendrait des représentants de l'Allemagne et des pays neutres ;

5° L'Allemagne serait laissée libre de faire les versements annuels comme bon lui semblerait : toute réclamation contre elle pour non-exécution de ses engagements serait soumise à la Ligue des Nations. Il n'y aurait plus d'expropriation de biens de particuliers allemands situés au dehors ;

6° Aucune réparation ne serait exigée de l'Autriche.

Examinons ce programme, d'une simplicité que nous qualifierions de touchante, si, en matière aussi grave, il était permis de sourire. Ainsi voilà une guerre qui a augmenté la dette française de 200 milliards, la dette anglaise d'à peu près autant, la dette des États-Unis d'Amérique d'une centaine, la dette italienne d'une soixantaine, la dette roumaine et la dette belge chacune d'une vingtaine de milliards de francs, sans compter les emprunts que ces quatre puissances, et celles qui, comme la Serbie, n'ont pas encore pu faire appel au crédit, auront à émettre au cours des années à venir. Le total en atteindra vraisemblablement 700 milliards, représentant une charge annuelle de 35 à 40 milliards de francs, — et l'Allemagne serait quitte moyennant paiement d'un capital de 2 milliards de livres, c'est-à-dire 50 milliards de francs, qui dépasserait à peine l'une des annuités dont les pays vainqueurs sont débiteurs à perpétuité, ou tout au moins jusqu'à l'époque où ils pourront rembourser le capital. Pour ne prendre qu'un exemple, alors que nous Français, nous prévoyons d'ores et déjà à notre budget un chapitre de 10 à 12 milliards de francs pour le service de notre dette, les Germains en inscriraient la moitié : au service de leurs emprunts de guerre, qui s'élève à 7 ou 8 milliards, ils n'auraient à ajouter qu'une annuité de 50 millions de livres sterling, soit un milliard et quart de francs. Et ce milliard et quart ne serait payé que pendant trente ans ! et à partir de 1923 seulement ! et il comprendrait à la fois le service de l'intérêt et celui de l'amortissement, si bien qu'en 1953 le fardeau serait enlevé, sans autre forme de

procès, des épaules robustes du Germain que
cet effort fiscal n'aurait certainement pas
fatigué.

Il est évident que le docteur Keynes, médecin qui s'installe au chevet de l'Allemagne,
voit admirablement les remèdes susceptibles
de rendre la pleine santé à son malade : il
n'a d'yeux que pour lui et oublie complète-
ment les Alliés : eux aussi cependant auraient
besoin d'une consultation en bonne et due
forme. Et voici tout ce qu'on leur suggère
pour guérir leurs souffrances : dissoudre la
Commission des réparations, l'organe essentiel du traité. Celui-ci en effet repose tout
entier sur une idée de justice, de réparation
par les Allemands du dommage qu'ils ont
causé ; et, afin que cette réparation soit adé-
quate, ni inférieure, ni supérieure à la réalité
des faits, un aréopage a été constitué qui a
mission d'en déterminer l'importance et les
modalités. Une commission internationale
s'entoure de tous les renseignements, opère
avec le plus grand souci de l'équité, sans
être liée par aucune législation ni aucun
code particuliers, ni par aucune règle spéciale concernant l'instruction et la procédure.

« Elle sera guidée, dit le traité, par la justice, l'équité et la bonne foi. Elle étudiera les réclamations et donnera au gouvernement allemand l'équitable faculté de se faire entendre. »

L'une des tâches de la Commission des réparations consiste à estimer périodiquement la capacité de paiement de l'Allemagne et à examiner le système fiscal allemand, afin que tous les revenus de l'Allemagne, y compris les revenus destinés au service et à l'acquittement de tout emprunt intérieur, soient affectés par privilège au paiement des sommes dues par elle à titre de réparations. La Commission doit s'assurer que le système fiscal allemand est aussi lourd proportionnellement que celui d'une quelconque des puissances alliées.

Est-il rien de plus doux que ces dispositions? Serait-il admissible que les contribuables français, anglais, belges, italiens, serbes et autres, pliassent sous le faix d'impôts excessifs, alors que les Allemands y échapperaient? M. Keynes craint le mécontentement du peuple germain. Quel serait donc l'état de l'opinion publique à Londres, à

Paris, à Bruxelles, à Rome, à Belgrade, le jour
où la comparaison des feuilles de contribution, le rapprochement de « la carte à payer »,
démontreraient une inégalité choquante au
détriment des Alliés?

Mais ce plan en six articles ne suffit pas au
professeur de Cambridge. Il a en vue bien
d'autres « améliorations » au traité qui lui
a mis la plume à la main, et qui excite au
plus haut degré sa verve vengeresse :

1º Il·entend que les Alliés abandonnent le
droit qu'ils ont de réclamer du charbon. La
seule obligation qu'il consente à maintenir
est celle qui consisterait, pour l'Allemagne, à
livrer, pendant dix ans, à la France, une quantité de houille égale à la différence entre le
tonnage que les mines du Nord et du Pas-de-
Calais fournissaient avant la guerre et leur
production au cours des dix années à venir.
Cette obligation elle-même disparaîtrait si le
plébiscite à intervenir enlevait à l'Allemagne
les districts houillers de la Haute-Silésie ;

2º L'arrangement relatif au bassin de la
Sarre serait annulé. Au bout de dix ans, les
houillères et tout le territoire feraient inconditionnellement retour à l'Allemagne. L'usage

même des houillères ne serait concédé à la
France que si elle s'engageait à livrer à l'Allemagne, pendant ces dix années, au moins
50 pour 100 du minerai de fer lorrain qu'elle
lui vendait avant la guerre ;

3º En ce qui concerne la Haute-Silésie, le
vote aurait lieu comme il est prévu au traité ;
mais le sort du pays serait réglé, non seulement d'après le vœu exprimé par les
habitants, mais aussi conformément aux conditions économiques et géographiques, c'est-
à-dire que les districts houillers devraient
rester allemands, « à moins d'une volonté
formelle des populations ». Nous nous perdons
en conjectures sur la signification de ce dernier membre de phrase : M. Keynes entend
sans doute revenir sur les décisions du suf-
frage universel, si elles étaient contraires à
la domination allemande ;

4º La commission du charbon, organisée
par les Alliés, deviendrait une annexe de la
Ligue des Nations ; elle comprendrait des représentants de l'Allemagne, des autres États
du Centre et de l'Est de l'Europe, des neutres
du Nord et de la Suisse ;

5º Une union douanière du libre échange

serait établie, sous les auspices de la Ligue des Nations, entre peuples s'engageant à ne pas mettre de droits protecteurs sur les importations provenant de l'Union. L'Allemagne, la Pologne, les États composant l'ancienne Turquie et l'ancienne Autriche, les États mandatés, c'est-à-dire placés sous l'administration d'une grande puissance désignée à cet effet, s'engageraient pour dix ans à faire partie de cette union.

Ce serait un renversement complet du traité. L'Allemagne conserverait tout le charbon dont elle a besoin, n'en livrant à la France qu'exactement ce qui correspond au déficit des houillères du Nord et du Pas-de-Calais, et encore à condition qu'elle garde les charbonnages de la Haute-Silésie, faute de quoi elle ne nous en livrerait pas une tonne. Le bassin de la Sarre ne nous serait donné à bail que pour dix ans, et cela si nous fournissions à l'Allemagne le minerai de fer qu'elle réclame. Les pouvoirs de la Commission du charbon disparaîtraient comme ceux de la Commission des réparations. L'union douanière de l'Europe centrale serait constituée. Voilà par quels moyens M. Keynes entend

« supprimer des causes de friction, éviter une pression fâcheuse opérée en vertu de clauses inapplicables, et rendre inutiles les pouvoirs intolérables de la Commission des réparations. Grâce à des clauses « modérées » en ce qui concerne le charbon, grâce à la livraison de minerai de fer, la continuation de la vie industrielle de l'Allemagne serait assurée.

Nous prions le lecteur de remarquer que nous ne critiquons pas la recherche de solutions qui soient de nature à permettre et même à faciliter l'exercice de l'activité allemande, dans tous les domaines. Nous approuvons les déclarations en ce sens faites par notre premier ministre, M. Millerand. Mais, où nous sommes en complet désaccord avec M. Keynes, c'est sur les mesures qu'il croit nécessaires à cet effet. L'Allemagne peut nous fournir le charbon promis par le traité de Versailles et en produire assez pour ses propres besoins. Il n'y a pas lieu de revenir sur les arrangements relatifs au bassin de la Sarre et à la Haute-Silésie, qui ont été mûrement élaborés par les Alliés. Il serait souverainement dangereux de toucher à un pacte solennel qui doit être, contrairement à l'avis de M. Keynes, le point de départ d'une vie nouvelle, dans laquelle la Ligue des Nations pourra jouer le rôle utile qui lui a été réservé.

VI

LE RÈGLEMENT DES DETTES INTERALLIÉES

Dans ce même chapitre des remèdes, auquel nous faisons de si fortes objections, se trouve cependant un projet auquel nous devons rendre hommage ; il répond à une idée qui s'est fait jour à maintes reprises et qui est la suivante. Au cours de la guerre, les Alliés ont été amenés à se faire les uns aux autres des avances de fonds. De ces avances résulte une situation réciproque qu fait qu'un certain nombre de gouvernements sont créanciers, d'autres à la fois créanciers et débiteurs, d'autres enfin débiteurs seulement. En fait, les États-Unis seuls n'ont aucune obligation vis-à-vis des autres nations, l'Angleterre et la France ont la double situation de prêteurs et d'emprunteurs ; la Belgique, l'Italie, la Russie, la Serbie et certains autres alliés sont uniquement débiteurs. Voici le résumé des sommes ainsi engagées (en millions de francs) :

Prêts consentis à	Par les États-Unis.	Par la Grande-Bretagne.	Par la France.	Totaux.
La Grande-Bretagne ...	21 050	.....	....	21 050
La France	13 750	12 700	....	26 450
L'Italie	8 125	11 675	875	20 675
La Russie	900	14 200	4 000	19 100
La Belgique	2 000	2 450	2 250	6 700
La Serbie (Yougoslavie).	500	500	500	1 500
Autres alliés	875	1 975	1 250	4 100
Total	47 200	43 500	8 875	99 575

Le total, en chiffres ronds, s'élève à 100 milliards de francs. Dans ce tableau, les monnaies étrangères ont été calculées en francs au change d'avant la guerre, c'est-à-dire au pair. Si on faisait cette conversion aux cours actuels des changes, on arriverait à des résultats très différents. De toute façon, on voit que les États-Unis ont prêté plus qu'aucune autre nation ; la Grande-Bretagne un peu moins, la France beaucoup moins. Les autres n'ont fait qu'emprunter. Si les Alliés convenaient d'effacer toutes les créances, les États-Unis feraient un sacrifice de 47 milliards de francs, la Grande-Bretagne de 22 milliards. La France gagnerait 17, l'Italie 20, la Russie

19 milliards. Il ne semble pas déraisonnable d'envisager cette solution, étant donné que la fortune américaine est incomparablement plus grande que celle d'aucune autre nation, que les États-Unis ont infiniment moins souffert de la guerre que leurs Alliés, et que l'Angleterre occupe en Europe, au point de vue économique, la situation privilégiée que l'Amérique a vis-à-vis du reste du monde. Les frets qu'elle encaisse et le charbon qu'elle vend à prix d'or contribuent à la très rapide restauration de ses finances. Les considérations développées par M. Keynes à l'appui de cette solution sont intéressantes, mais elles sont toujours viciées par le point de départ de ses raisonnements : l'Allemagne, répète-t-il, n'est pas en mesure de payer aux Alliés ce qu'elle leur doit.

Il envisage aussi l'hypothèse d'un emprunt international, et propose, à cet effet, d'ouvrir deux crédits successifs, chacun de 200 millions de livres sterling (5 milliards de francs au pair, 10 milliards au change actuel), qui seraient fournis en majeure partie par les États-Unis et les neutres européens. Il n'explique pas clairement comment se répartiraient les produits et la charge de ces opérations. La première, selon lui, devrait permettre à un certain nombre de nations d'acheter au dehors les produits dont elles ont besoin. L'autre pourrait servir à une unification monétaire. Nous avouons notre scepticisme sur ce dernier point. En tout cas, le montant indiqué est modeste pour une œuvre de cette envergure, à laquelle bien des financiers se sont attaqués sans réussir jusqu'ici à mettre un projet viable sur pied.

Les dernières pages du volume sont consacrées à la question russe, qui est traitée brièvement par l'auteur, car, dit-il, beaucoup d'éléments lui manquent pour asseoir un jugement. Nous n'en retiendrons que des observations au sujet de la question vitale de la nourriture. Avant la guerre, l'Europe centrale et l'Europe occidentale tiraient de Russie une bonne partie des céréales qu'elles avaient besoin d'importer. Sans cet appoint, elles auraient été en déficit. Depuis 1914, ces importations ont été remplacées par les stocks accumulés qui ont été consommés, et par les récoltes exceptionnelles de l'Amérique du Nord, obtenues en partie grâce aux hauts prix que paya M. Hoover, le grand chef du ravitaillement aux États-Unis. Dès maintenant, on peut craindre des difficultés d'approvisionnement, provenant du fait que la production européenne n'est pas encore remontée à son niveau d'avant la guerre, que les prix exceptionnels ne seront pas maintenus aux États-Unis, que l'Amérique elle-même a des besoins croissants, ne laissant qu'une quantité de moins en moins forte disponible pour l'exportation.

La conclusion est qu'il conviendrait de rétablir au plus tôt l'importation du blé et du seigle russes ; mais les récoltes, là-bas non plus, ne paraissent pas abondantes, et les moyens de transport sont défectueux. Il est donc nécessaire d'y réorganiser la vie économique. M. Keynes croit que notre intérêt est de pousser les Allemands à le faire, parce que, dit-il, s'ils obtiennent ainsi les céréales dont ils ont besoin, ils ne nous feront pas concurrence sur d'autres marchés où nous nous approvisionnerons d'autant plus aisément.

C'est sur ces considérations, moins critiquables que les autres chapitres, que se termine le volume. M. Keynes y joint des prédictions sur les destinées de l'Europe, qu'il juge en voie de transformation profonde. Il est sévère pour ceux qui sont à cette heure à la tête des affaires publiques ; il les déclare incapables de s'occuper de questions autres que celles qui concernent le bien-être matériel immédiat. A aucune époque, ajoute-t-il, notre génération n'a eu moins souci de l'« universel » qu'aujourd'hui, et il termine son livre par cette phrase mystique : « La véritable voix des générations nouvelles ne s'est pas encore fait entendre, et l'opinion de ceux qui se taisent n'est pas formée. »

Nous sommes loin des critiques ardentes auxquelles l'auteur a soumis les stipulations d'un traité ayant partiellemen pour objet le règlement de ces questions de bien-être matériel dont il blâme ses contemporains de faire leur unique souci. Pour notre part, nous n'avons pas lu sans émotion les dernières pages dans lesquelles on sent l'effort d'une belle intelligence, qui cherche à deviner de quoi demain sera fait. Mais nous n'en sommes que plus sévères pour la campagne menée contre le traité.

Ce n'est pas lui qui est responsable des incertitudes de l'heure présente ; ce n'est pas par lui que tant d'hommes sont troublés au point de n'avoir pas encore repris leur équilibre ; ce n'est pas à cause de lui que beaucoup de travailleurs, jugeant mal la situation, se refusent à voir que le seul remède aux difficultés dont nous souffrons, c'est le redoublement de l'effort individuel. Attribuer aux stipulations de Versailles le malaise dont l'Europe souffre en ce moment et qui ne s'explique que trop aisément par l'effet d'un bouleversement sans précédent et l'impossibilité d'en guérir en un jour les conséquences, c'est accuser le médecin d'avoir inoculé au patient la maladie qu'il vient soigner à son chevet.

VII

IDÉES NÉFASTES ET DANGEREUSES

Que M. Keynes nous pardonne de le lui dire en toute sincérité : il a commis une mauvaise action envers son pays, envers les alliés de son pays. Quand on a occupé des fonctions comme celles qu'il a remplies, et qu'on a eu l'honneur de participer aux négociations d'un traité, on n'a pas le droit de jeter en pâture au mépris public les hommes dont on a été le collaborateur. On n'a pas le droit de calomnier leurs intentions, de flétrir leurs actes, de donner des armes aux ennemis de ceux qu'on a mission de défendre et de protéger.

Certes, il était permis de ne pas se ranger à l'avis d'une majorité; il était permis de défendre, dans les conférences de Paris, des vues contraires à celles qui ont prévalu. Mais déverser un torrent d'accusations virulentes contre les hommes qui ont rédigé le traité et faire le procès de ce traité lui-même, en essayant de démontrer qu'il est inexécutable et que, si par hasard il était exécuté, il ferait rétrograder l'Europe et la civilisation, voilà qui passe les bornes !

M. Keynes a d'ailleurs été jugé aussi sévèrement de l'autre côté de l'Atlantique qu'il l'est par nos compatriotes. Si quelques Américains ont été séduits par ses paradoxes, bon nombre d'entre eux ont déjà vivement protesté contre ses idées. David Hunter Miller, un des experts attachés à la délégation américaine à la Conférence de la paix, les a réfutées vigoureusement dans une réunion tenue, le 27 mars 1920, à New-York, à l'effet de discuter la question. M. Miller a notamment soutenu que les stipulations en ce qui concerne le bassin de la Sarre sont parfaitement sages, que, d'une façon générale, les conditions du traité sont conformes aux quatorze points de la déclaration Wilson et constituent « un des plus remarquables efforts de l'humanité pour faire œuvre de justice ». Le professeur Allyn Young a également défendu le traité, et démontré que ses clauses économiques ne sont nullement de nature à ruiner l'Allemagne.

Une réplique directe à M. Keynes a été lancée par le major général Francis V. Greene, qui lui a consacré un long article dans le *New-York Times* du 28 mars 1920 ; il l'a résumée dans un titre expressif : *Les réalités du traité ignorées ou déformées par M. Keynes.* Il compare l'ouvrage au livre de Norman Angell, paru en 1910, qui fit alors un si grand bruit, dont les sophismes éblouirent tant de lecteurs et qui est tombé aujourd'hui dans un oubli et un discrédit mérités, après que les évé-

nements ont montré l'inanité des concep-
tions de l'auteur.

M. Norman Angell assurait « qu'aucune
nation n'est en mesure d'en ruiner une autre,
de détruire ou de diminuer la puissance économique de son adversaire ; que s'annexer des
territoires n'est pas augmenter sa puissance ;
que l'envahisseur est toujours obligé de respecter scrupuleusement les propriétés de l'ennemi ; qu'aucune conquête militaire n'est susceptible de supprimer, encore moins d'affaiblir le commerce d'autrui ; que c'est une impossibilité physique et économique que d'ar-
racher à une nation son commerce extérieur
et maritime. « L'émotion que souleva l'ap-
parition de ce volume et la vivacité avec
laquelle furent alors discutées ces thèses pa-
radoxales sont tout à fait comparables à
l'agitation qui se produit aujourd'hui autour
du volume de M. Keynes.

Il est aussi étrange d'entendre ce dernier
soutenir que le vaincu ne doit pas endurer les
mêmes souffrances que le vainqueur, qu'il
était singulier de lire les aphorismes de
M. Norman Angell au sujet des inconvénients
de la victoire. *Habent sua fata libelli.* Les

livres ont leur destinée. Celui qui nous occupe a commencé par en avoir une très brillante. Nous ne pensons pas que l'avenir tienne pour lui les promesses du début.

Le patriotisme ne doit pas nous rendre aveugles ; il ne nous défend pas d'examiner les arguments de nos adversaires. Mais, de là à prendre ouvertement leur parti, à épouser leurs querelles, à faire d'eux des victimes, il y a un abîme. Comment s'est-il trouvé un homme pour le franchir? Nous avouons ne pas le comprendre. Ce qui nous confond surtout, c'est le soin avec lequel M. Keynes prétend démontrer que les Germains ne peuvent pas acquitter les obligations qu'ils ont contractées, et la désinvolture avec laquelle il oublie de parler des charges écrasantes qui pèsent sur les épaules de plusieurs des Alliés. C'est sur ces divers points que nous essayerons d'éclairer nos lecteurs.

CHAPITRE II

LE TRAITÉ DE VERSAILLES
AU POINT DE VUE ÉCONOMIQUE

I

LA GENÈSE DU TRAITÉ

Les nations qui viennent de traverser la plus terrible épreuve que le monde ait connue, une guerre sans précédent, par les sacrifices en hommes et en richesses qu'elle a infligés aux belligérants, peuvent se comparer à un convalescent dont l'organisme est encore exposé à des rechutes ; elles devraient pouvoir attendre, avec de grands ménagements, que la nature ait accompli son œuvre de reconstitution pour reprendre leur vie normale. Malheureusement cela est impossible. Plus les pertes ont été grandes, et plus rapidement il faut qu'elles soient réparées. Plus long a été le chômage forcé de la majeure partie de la population valide, et plus il faut que, par un labeur acharné, les survivants intensifient la production du sol et des usines.

Cette perspective n'a d'ailleurs rien d'effrayant pour les peuples énergiques qui ont donné la mesure de leur courage et de leur endurance en des combats dont la violence a dépassé tout ce que l'imagination la plus intrépide avait pu concevoir. L'union dans la paix doit rester ce qu'elle a été pendant la guerre.

Après que l'Allemagne eut brutalement déchiré les pactes qu'elle avait signés, l'Europe était à refaire. Ce fut l'œuvre des négociateurs du traité de Versailles, de cette charte nouvelle, qui n'a pas seulement réglé les destinées de l'ancien monde, mais qui a, par la collaboration des autres continents, étendu au globe entier les dispositions impératives de ses articles. En jetant les bases de la Société des Nations, elle a voulu préparer, pour l'avenir, une force morale et matérielle qui pût prévenir le retour de cataclysmes comme celui d'où nous sortons.

Ce traité de Versailles a été essentiellement l'œuvre des quatre puissances qui avaient porté le poids principal de la guerre : les États-Unis d'Amérique, l'Angleterre, l'Italie, la France. Il est de notoriété publique que les grands chefs qui avaient présidé aux destinées de leurs nations, pendant la phase décisive de la lutte, n'envisageaient pas toujours de la même façon la solution à intervenir. L'œuvre sortie de leur collaboration constitue donc un compromis entre des opinions diverses, et donne, par cela même, des garanties de modération sur lesquelles nous ne saurions trop insister. Nous allons en examiner la partie économique.

II

CLAUSES FONDAMENTALES

Les clauses économiques essentielles forment la partie VIII du traité, intitulée : Réparations. En tête figure l'article 231, qui pose le principe fondamental sur lequel reposent les conventions : « Les gouvernements alliés et associés déclarent et l'Allemagne reconnaît que l'Allemagne et ses alliés sont responsables, pour les avoir causés, de toutes les pertes et de tous les dommages subis par les gouvernements alliés et associés et leurs nationaux en conséquence de la guerre qui leur a été imposée par l'agression de l'Allemagne et de ses alliés. »

L'article suivant (232) atténue, dans une large mesure, la rigueur de ce qui se déduisait logiquement du texte précédent : « Les gouvernements alliés et associés reconnaissent, dit cet article, que les ressources de l'Allemagne ne sont pas suffisantes, en tenant compte de la diminution permanente de ses ressources qui résulte des autres dispositions du présent traité, pour assurer complète réparation de toutes ces pertes et de tous ces dommages. »

Cette phrase va s'éclairer par la suite. Elle signifie que les vainqueurs ont renoncé à se faire couvrir de leurs énormes frais de guerre, contrairement à ce qui était d'usage antérieurement et à ce que l'Allemagne avait exigé de la France en 1871. Est-ce qu'au point de vue du droit, les Alliés n'eussent pas été fondés à exiger le remboursement de ces sommes, que M. Clemenceau évaluait à 750 milliards de francs? Ils se sont bornés cependant à demander ce qui suit : « Les gouvernements alliés et associés exigent, et l'Allemagne en prend l'engagement, que soient réparés tous les dommages causés à la population civile de chacune des puissances alliées et associées et à ses biens, pendant la période où cette puissance a été en état de belligérance avec l'Allemagne. » Voici la définition de ces dommages, spécifiés dans l'annexe I de la section :

1º Dommages causés aux civils, atteints dans leur personne ou dans leur vie, et aux survivants qui étaient à la charge de ces civils, par tous actes de guerre, y compris les bombardements ou autres attaques par terre, par mer ou par la voie des airs, et toutes leurs conséquences directes, ou toutes opérations de guerre des deux groupes de belligérants en quelque endroit que ce soit ;

2º Dommages causés par l'Allemagne ou ses alliés aux civils victimes d'actes de cruauté, de violence ou de mauvais traitements (y compris les atteintes à la vie ou à la santé par suite d'emprisonnement, de déportation, d'internement ou d'évacuation, d'abandon en mer ou de travail forcé), en quelque endroit que ce soit, et aux survivants qui étaient à la charge de ces victimes ;

3° Dommages causés par l'Allemagne ou ses alliés, sur leur territoire ou en territoire occupé ou envahi, aux civils victimes de tous actes ayant porté atteinte à la santé, à la capacité de travail ou à l'honneur, et aux survivants qui étaient à la charge de ces victimes ;

4° Dommages causés par toute espèce de mauvais traitements aux prisonniers de guerre ;

5° En tant que dommage causé aux peuples des Puissances alliées et associées, toutes pensions ou compensations de même nature aux victimes militaires de la guerre (armées de terre, de mer ou forces aériennes), mutilés, blessés, malades ou invalides, et aux personnes dont ces victimes étaient le soutien. Le montant des sommes dues aux gouvernements alliés et associés sera calculé, pour chacun desdits gouvernements, à la valeur capitalisée, à la date de la mise en vigueur du présent traité, desdites pensions ou compensations, sur la base des tarifs en vigueur en France, à la date ci-dessus ;

6° Frais de l'assistance fournie par les gouvernements des Puissances alliées et associées aux prisonniers de guerre, à leurs familles ou aux personnes dont ils étaient le soutien ;

7° Allocations données par les gouvernements des Puissances alliées et associées aux familles et aux personnes à la charge des mobilisés ou de tous ceux qui ont servi dans l'armée. Le montant des sommes qui leur sont dues pour chacune des années au cours desquelles des hostilités se sont produites, sera calculé, pour chacun desdits gouvernements, sur la base du tarif moyen appliqué en France, pendant ladite année, aux payements de cette nature ;

8° Dommages causés à des civils par suite de l'obligation qui leur a été imposée par l'Allemagne ou ses alliés de travailler sans une juste rémunération ;

9° Dommages relatifs à toutes propriétés, en quelque lieu qu'elles soient situées, appartenant à l'une des Puissances alliées ou associées ou à leurs ressortissants (exception faite des ouvrages et du matériel militaires ou navals), qui ont été enlevées, saisies, endommagées ou détruites par les actes de l'Allemagne ou ses alliés sur terre, sur mer ou dans les airs, ou dommages causés en conséquence directe des hostilités ou de toutes opérations de guerre ;

10° Dommages causés sous forme de prélèvements, amendes ou exactions similaires de l'Allemagne ou de ses alliés au détriment des populations civiles.

Les destructions qu'a entraînées la méthode de guerre adoptée par l'Allemagne sont telles que l'application des dispositions qui précèdent lui imposera une charge sérieuse. Il n'en est pas moins évident que c'était là le minimum que les vainqueurs pouvaient exiger. Les rédacteurs du traité ont eu le devoir de faire une énumération complète de tous les dommages causés et des conséquences financières qui en résultent.

Considérant que la Belgique avait plus spécialement souffert de la violation des traités et particulièrement de celui de 1839 qui garantissait sa neutralité, les Alliés ont exigé que l'Allemagne lui remboursât toutes les sommes que la Belgique a empruntées aux gouvernements alliés et associés jusqu'au jour de l'armistice, c'est-à-dire jusqu'au 11 novembre 1918, y compris l'intérêt à 5 pour 100. Le montant de ces sommes sera déterminé par la Commission des réparations, et le gouvernement allemand s'engage à faire immédiatement une émission correspondante de bons spéciaux au porteur payables en marks or le 1er mai 1926, ou, au choix du gouvernement allemand, le 1er mai de toute année antérieure à 1926.

Toutes les clauses économiques ont été pesées par les artisans du traité dans un esprit qu'indique éloquemment la Réponse des Puissances alliées et associées aux remarques de la délégation allemande sur les conditions de la paix :

« Il n'existe chez les Puissances alliées et associées, aucune intention d'empêcher l'Allemagne de prendre la place qui lui revient dans le commerce international. Pourvu qu'elle remplisse les conditions du traité de paix et pourvu également qu'elle abandonne les traditions d'agression et d'accaparement qui ont caractérisé ses méthodes en affaires aussi bien qu'en politique, l'intention des Puissances est que l'Allemagne jouisse d'un traitement équitable en ce qui concerne l'achat des matières premières et la vente des marchandises, sous réserve des mesures temporaires établies dans l'intérêt des nations ravagées et affaiblies par le fait de l'Allemagne. »

Les dispositions relatives aux réparations limitent la somme payable par l'Allemagne aux dommages causés aux populations civiles. Elles ne comportent point d'immixtion dans la vie intérieure de l'Allemagne.

L'objet du traité étant de rétablir, dans la mesure du possible, les victimes civiles et leurs biens dans la situation d'avant-guerre, il a été créé un organe permanent, dont la tâche consiste à tenir la comptabilité de cette opération gigantesque, à régler les modalités infiniment variées des restitutions en nature ou en argent, à surveiller jour par jour, heure par heure, l'exécution des clauses multiples de l'instrument international le plus compliqué que l'histoire diplomatique ait connu jusqu'à ce jour : cet organe est la Commission des réparations.

III

COMMISSION DES RÉPARATIONS

La Commission des réparations se compose de délégués nommés par les États-Unis d'Amérique, la Grande Bretagne, la France, l'Italie, le Japon, la Belgique et l'État serbe-croate-slovène. En aucun cas, plus de cinq délégués ne peuvent prendre part aux débats de la Commission ; ceux des États-Unis, de la Grande-Bretagne, de la France et de l'Italie ont toujours ce droit.

La Commission a, d'une façon générale, les pouvoirs de contrôle et d'exécution les plus étendus en ce qui concerne le problème des réparations ; il lui est loisible d'interpréter les dispositions du traité. Elle doit se conformer aux dispositions suivantes :

Toute fraction du montant total des créances vérifiées qui ne sera pas payée en or, navires, valeurs et marchandises, ou de toute autre façon, devra être couverte par l'Allemagne moyennant la remise, à titre de garantie, d'un montant équivalent de bons, de titres d'obligations ou autres, en vue de constituer une reconnaissance de la fraction de la dette dont il s'agit.

Afin de faciliter et de poursuivre la restauration immédiate de la vie économique des Pays alliés et associés, la Commission recevra de l'Allemagne, comme garantie et reconnaissance de sa dette, un premier versement de bons au porteur en or, libres d'impôt et de taxes de toute nature, établis ou susceptibles de l'être par les gouvernements de l'Empire ou des États allemands. Ces bons seront remis en à-compte, le mark or devant être acquitté, au choix des créanciers, en livres sterling payables à Londres, dollars d'or des États-Unis payables à New-York, francs or payables à Paris, lires or payables à Rome.

De ces bons, seront émis immédiatement 20 milliards, payables au plus tard le 1ᵉʳ mai 1921, ans intérêt. On appliquera notamment à l'amortissement de ces bons les versements que l'Allemagne s'est engagée à effectuer (article 235) en or, en marchandises, en navires, en valeurs, déduction faite des sommes affectées au remboursement des frais d'entretien des troupes d'occupation et au payement des dépenses du ravitaillement en vivres et matières premières. Ceux des bons qui n'auraient pas été amortis le 1er mai 1921 seront alors échangés contre des bons du type ci-après.

Seront émis immédiatement 40 milliards de marks or portant intérêt à 2 1/2 pour 100 de 1921 à 1926, et ensuite à 5 pour 100, avec 1 pour 100 en supplément pour l'amortissement, à partir de 1926, sur le montant total de l'émission.

En même temps sera délivré un engagement écrit d'émettre, à titre de nouveau versement, — mais seulement lorsque la Commission sera convaincue que l'Allemagne peut assurer le service des intérêts et du fonds d'amortissement desdits bons, — 40 milliards de marks or de bons au porteur portant intérêt à 5 pour 100.

D'autres émissions, à titre de reconnaissance et de garantie, peuvent être exigées dans des conditions que la Commission déterminera ultérieurement.

La Commission des réparations ouvre un

compte à chacune des puissances intéressées. Elle lui remet un certificat mentionnant qu'elle détient pour elle des bons allemands, ou tous biens livrés par l'Allemagne en à-compte sur sa dette pour réparations. Ces certificats sont nominatifs et peuvent être transmis par endossement. Le gouvernement allemand sera débité, à partir du 1er mai 1921, de l'intérêt, provisoirement fixé à 5 pour 100, sur sa dette telle qu'elle aura été fixée par la Commission.

En cas de manquement par l'Allemagne à l'exécution de l'une des obligations qui lui incombent du chef de cette partie du traité, la Commission signalera cette inexécution à chacune des puissances intéressées. Les mesures que celles-ci prendraient alors, et que l'Allemagne s'est engagée à ne pas considérer comme des actes d'hostilité, peuvent comprendre des actes de prohibition et de représailles économiques et financières.

Les paiements, qui doivent être effectués en or ou en ses équivalents, peuvent être acceptés par la Commission sous forme de biens mobiliers et immobiliers, entreprises, droits et concessions en territoires allemands ou en dehors de ces territoires, de navires, obligations, actions ou valeurs de toute nature, ou monnaies de l'Allemagne ou d'autres États, leur valeur de remplacement par rapport à eux étant fixée à un taux juste et loyal par la Commission. Celle-ci sera dissoute quand l'Allemagne et ses alliés se seront acquittés de toute somme due par eux.

IV

APPLICATION DIRECTE DES RESSOURCES ÉCONOMIQUES DE L'ALLEMAGNE A LA RESTAURATION DES RÉGIONS ENVAHIES.

Il n'est peut-être aucune des dispositions du traité où son véritable esprit apparaisse plus clairement que dans celles qui ont trait à l'application directe des ressources économiques de l'Allemagne à la restauration matérielle des régions envahies. A cet effet, les Puissances alliées et associées communiqueront à la Commission des réparations des listes indiquant les animaux, machines, équipements, tours et articles similaires, d'un caractère commercial, qui ont été saisis, usés ou détruits par l'Allemagne, ou détruits en conséquence directe des opérations militaires, et que les Puissances désirent voir remplacés par des animaux ou articles de même nature existant sur le territoire allemand. Les mêmes Puissances indiqueront les matériaux de reconstruction, machines, appareils de chauffage, meubles et autres articles qui devront, à leur demande, être produits et fabriqués en Allemagne et livrés pour la restauration des régions envahies.

L'esprit de modération qui, quoi qu'en dise M. Keynes, est celui du traité, a inspiré la disposition en vertu de laquelle la Commission doit examiner dans quelle mesure les matériaux et animaux peuvent être exigés. Il lui est enjoint de tenir compte des nécessités intérieures de l'Allemagne, autant que cela sera utile au maintien de sa vie sociale et économique ; elle fera état également des prix et des dates auxquels les articles semblables peuvent être obtenus dans les pays alliés et associés et les comparera à ceux applicables aux articles allemands ; elle ne perdra pas de vue, est-il dit textuellement, l'intérêt général qu'ont les gouvernements alliés et associés à ce que la vie industrielle de l'Allemagne ne soit pas désorganisée au point de compromettre sa capacité d'accomplir les autres actes de réparation exigés d'elle. Il ne pourra être demandé à l'Allemagne des machines, des équipements, des tours et tous articles similaires d'un caractère commercial que si aucun stock de ces articles n'est disponible et à vendre ; d'autre part, les demandes de cette nature n'excéderont pas 30 pour 100 des quantités de chaque article en service dans un établissement allemand quelconque. La Commission donnera aux représentants du gouvernement allemand la faculté de se faire entendre sur sa capacité de fournir lesdits matériaux, animaux et objets.

Qui contesterait la mansuétude de toutes ces clauses, soigneusement étudiées de façon à ce que les reprises, cependant si légitimes, des Alliés n'entravent pas la restauration de la vie économique de l'Allemagne? Un souci constant de la justice apparaît dans les stipulations relatives au calcul de la valeur des prestations fournies par l'Allemagne. La Commission la déterminera ; les gouvernements alliés et associés qui recevront ces fournitures acceptent d'être débités de leur montant et reconnaissent que la somme correspondante devra être traitée comme un payement qui leur aurait été fait. On pousse la précaution jusqu'à prescrire à la Commission de s'assurer que la somme portée au crédit de l'Allemagne représente la valeur normale du travail fourni, ou des matériaux livrés par elle, et que le montant de la réclamation élevée par la Puissance intéressée est diminué proportionnellement à ce qu'elle aura reçu.

Nous ne reviendrons pas sur les stipulations relatives au charbon : nous les avons exposées dans notre premier chapitre, en montrant en même temps combien étaient peu fondées les critiques dont elles ont été l'objet de la part de M. Keynes. En plus de la houille, l'Allemagne est tenue de fournir à la France, pendant trois ans seulement, 30 000 tonnes de sulfate d'ammoniaque, 35 000 tonnes de benzol, 50 000 tonnes de goudron de houille, ces dernières pouvant être remplacées par des produits de distillation, tels que huiles légères, huiles lourdes, anthracène, naphtaline ou brai. Le prix sera celui que paient les ressortissants allemands.

L'Allemagne donne à la Commission des réparations une option de soixante jours pour la livraison de matières colorantes et de produits pharmaceutiques à concurrence de moitié du stock existant en Allemagne. L'Allemagne accorde en outre une option pour la livraison, pendant les semestres dont le dernier expirera le 31 décembre 1924, de toutes matières colorantes et de tous produits chimiques pharmaceutiques, à concurrence du quart de la production allemande du semestre précédent. Les prix seront fixés par la Commission en fonction du prix net d'exportation d'avant-guerre et des variations du prix de revient survenues, ou en fonction du prix de vente le plus bas consenti à un autre acheteur.

Toutes ces clauses, on le voit, n'engagent l'Allemagne que pour une période très courte et n'ont pas d'autre effet que de permettre aux Alliés de s'approvisionner, dans des proportions qui ne sont pas de nature à empêcher l'activité normale des industries allemandes de s'exercer. On assure à celles-ci des prix fort convenables, puisque, même pour les stocks existant et dont le coût de production a certainement été très inférieur aux cours actuels, il est tenu compte « des variations du prix de revient survenues ».

L'Allemagne renonce, en son nom et au nom de ses nationaux, en faveur des principales Puissances alliées et associées, à tous droits, titres ou privilèges quelconques qu'elle possède sur les câbles ou portions de câbles, Emden-Vigo, Emden-Brest, Emden-Ténériffe, Emden-Açores, Açores-New-York, Ténériffe-Monrovia, Monrovia-Lome, Lome-Duale, Monrovia-Pernambuco, Constantinople-Constantza, Yap-Shanghai, Yap-Guam, Yap-Menado (îles Célèbes). Le traité précise, pour chacun de ces câbles, les sections cédées par l'Allemagne. La valeur des câbles, en tant qu'ils appartiennent à des sociétés privées, sera portée au crédit de l'Allemagne, au chapitre des réparations.

V

CLAUSES NAVALE

Le principe posé en tête de cette partie du traité est toujours le même : c'est celui de la réparation, dans la mesure du possible, du dommage causé. « L'Allemagne reconnaît le droit des Puissances alliées et associées au remplacement, tonneau pour tonneau (jauge brute) et catégorie pour catégorie, de tous les navires et bateaux de commerce et de pêche perdus ou endommagés par faits de guerre. » Toutefois, bien que les navires et bateaux allemands existant à ce jour représentent un tonnage très inférieur à celui des pertes subies par les Puissances alliées et associées du fait de l'agression allemande, le droit proclamé ci-dessus ne sera exercé que dans la mesure suivante : « Le gouvernement allemand cède aux gouvernements alliés et associés la propriété de tous navires marchands de 1 600 tonnes brutes et au-dessus appartenant à ses ressortissants, la moitié en tonnage des navires dont le tonnage brut est compris entre 1 000 et 1 600 tonnes, et le quart en tonnage des chalutiers à vapeur ainsi que le quart en tonnage des autres bateaux de pêche. » Ces navires et bateaux comprennent tous ceux qui battent ou ont le droit de battre pavillon allemand, appartenant à un ressortissant allemand, à une société ou à une compagnie allemande, ou à une société ou compagnie d'un pays autre que les pays alliés ou associés et sous le contrôle ou la direction de ressortissants allemands ; ou actuellement en construction en Allemagne, dans les pays autres que les pays alliés ou associés, pour le compte d'Allemands.

Le gouvernement allemand remettra, pour chaque navire, à la Commission des réparations un acte de vente ou tout autre titre de propriété, établissant le transfert à la Commission de la pleine propriété du navire, libre de tous privilèges, hypothèques et charges quelconques, et prendra toutes mesures pour assurer la mise de ces navires à la disposition de la Commission.

L'Allemagne s'est engagée à restituer aux Puissances alliées et associées tous les bateaux et autres engins mobiles de navigation fluviale qui, depuis le 1er août 1914, ont passé, à un titre quelconque, en sa possession ou en possession de l'un de ses ressortissants. En vue de compenser les pertes du tonnage fluvial subies pendant la guerre par les Puissances alliées et associées et qui ne seraient pas réparées par les restitutions ci-dessus, l'Allemagne cédera une partie de sa batellerie fluviale, jusqu'à concurrence du montant de ces pertes, mais d'un cinquième au maximum de cette batellerie, telle qu'elle existait à la date du 11 novembre 1918.

De plus, l'Allemagne s'engage à construire, pendant cinq ans, pour les Alliés, les bâtiments qu'ils lui demanderont, et cela jusqu'à concurrence de 200 000 tonnes par an, la valeur de ces navires devant être imputée sur le chiffre des réparations dues par l'Allemagne.

L'Allemagne se plaint d'être obligée, pour une certaine période, de se servir des flottes étrangères afin d'effectuer ses transports. Nous lui répondrons que bien des pays sont dans ce cas : jusque dans les derniers temps, les États-Unis n'avaient pas de marine marchande au long cours, et c'étaient des navires anglais qui effectuaient une grande partie de leurs transports. La France n'a jamais eu assez de bâtiments pour la totalité de son commerce maritime ; après la guerre, elle en manque plus que jamais. Le tonnage qui nous est restitué ne représente qu'une très faible partie de celui qui a été torpillé par l'Allemagne, et qu'une fraction bien modeste de celui qui nous serait nécessaire pour reprendre dans ce domaine le rang que nous occupions autrefois.

VI

CLAUSES FINANCIÈRES

Sous réserve des dérogations qui pourraient être accordées par la Commission des réparations, un privilège de premier rang est établi sur tous les biens et ressources de l'Empire et des États allemands, pour le règlement des réparations et autres charges résultant du traité. Cependant l'interdiction d'exporter de l'or ou d'en disposer n'est prononcée contre l Allemagne que jusqu'au 1er mai 1921.

Le coût d'entretien des armées alliées et associées dans les territoires occupés est à la charge de l'Allemagne à partir de l'armistice. C'est là une clause qui est courante en pareille occurrence. Le remboursement des dépenses correspondant à des achats ou réquisitions effectués par les gouvernements alliés ou associés sera fait en marks au taux du change, celui des autres, en marks or.

Sera portée au crédit du gouvernement allemand, en déduction des sommes qu'il doit, la valeur du matériel livré, dont la Commission des réparations estimerait que, à raison de son caractère non militaire, la valeur doit être portée au crédit dudit gouvernement.

Les Puissances auxquelles sont cédés des territoires allemands devront assumer le paiement d'une part de la Dette de l'Empire allemand, telle qu'elle était constituée le 1er août 1914, d'après le rapport existant entre les revenus du territoire cédé et ceux de la totalité de l'Empire : c'est là, semble-t-il, la juste mesure des facultés respectives de paiement des territoires cédés. Ces mêmes puissances assument une part proportionnelle, calculée d'après le même principe, de la dette de l'État particulier allemand auquel le territoire cédé appartenait. L'Alsace-Lorraine est exceptée naturellement de cette disposition : lorsque l'Allemagne la ravit à la France en 1871, elle n'assuma aucune partie de la dette française. En ce qui concerne la

Pologne, la fraction de la dette dont la Commission des réparations attribuera l'origine aux mesures prises par les gouvernements allemand et prussien pour la « colonisation » allemande de la Pologne, ne sera pas à la charge de celle-ci. Il est inutile d'insister sur le caractère équitable de cette stipulation ; il eût été étrange d'imposer à une nation le fardeau de dépenses effectuées dans l'espoir de l'annihiler.

Les puissances cessionnaires de territoires allemands acquerront tous biens et propriétés appartenant à l'Empire ou aux États allemands situés dans ces territoires. La valeur de ces acquisitions sera payée par l'État cessionnaire à la Commission des réparations pour être portée au crédit du gouvernement allemand, à valoir sur les sommes dues par lui au titre des réparations. Rien de plus équitable. Les États allemands ne pouvaient conserver des propriétés sur des territoires qui leur échappaient. Ils en reçoivent le prix. Toutefois, en raison des conditions dans lesquelles l'Alsace-Lorraine a été enlevée à la France, celle-ci sera exemptée de tout paiement à l'Allemagne pour la valeur des biens appartenant à l'Empire ou aux États allemands et situés en Alsace-Lorraine. La Belgique n'aura rien à payer non plus pour la valeur des biens de l'Empire ou des États situés sur les territoires qui lui sont attribués.

L'Allemagne renonce à toute représentation ou participation que des traités, conventions ou accords quelconques assuraient à elle-même ou à ses ressortissants dans l'administration ou le contrôle des commissions, agences et banques d'État, et dans toutes autres organisations financières et économiques internationales de contrôle ou de gestion fonctionnant dans l'un quelconque des États alliés ou associés, en Autriche, en Hongrie, en Bulgarie ou en Turquie, ou dans les possessions et dépendances des États susdits, ainsi que dans l'ancien Empire russe.

La Commission des réparations, dans le délai d'un an, pourra exiger que l'Allemagne acquière tous droits ou intérêts de ressortissants allemands dans toute entreprise d'utilité publique ou dans toute concession en Russie, en Chine, en Autriche, en Hongrie, en Bulgarie, en Turquie, ou sur un territoire qui, ayant appartenu à l'Allemagne ou à ses alliés, doit être cédé ou administré par un mandataire. Ces droits ou intérêts seront transférés à la Commission des réparations. L'Allemagne indemnisera ses ressortissants ainsi dépossédés. La Commission des réparations portera à son crédit les sommes correspondant à la valeur des droits transférés. L'Allemagne transférera aux Puissances alliées et associées toutes ses créances sur l'Autriche, la Hongrie, la Bulgarie, la Turquie et notamment celles qui résultent de l'exécution des engagements qu'elle a pris envers ces puissances pendant la guerre.

Est-il nécessaire d'insister sur le caractère commun des diverses clauses financières que nous venons de rappeler? Elles constituent essentiellemment le moyen de fournir à l'Allemagne de commencer à s'acquitter, vis-à-vis des Alliés, de la dette née du principe de la réparation. Les prestations qu'elle est appelée à fournir sont portées au crédit du compte qui lui est ouvert et qui sera fermé le jour où, par les nombreuses voies qui lui sont tracées à cet effet, elle aura fait rentrer dans les caisses des Alliés les sommes qui ne sont qu'une compensation des dommages causés ou une restitution. Dans cette dernière catégorie rentrent les engagements pris par l'Allemagne de transférer aux autorités qui lui seront désignées la somme en or qui devait être déposée à la Reichsbank (Banque de l'Empire), au nom du conseil d'administration de la Dette publique ottomane, comme garantie de la première émission de bons de monnaie du gouvernement turc. Il en est de même de l'engagement pris par l'Allemagne d'effectuer douze paiements annuels en or stipulés sur les Bons du Trésor allemands déposés au nom du Conseil de la dette ottomane comme garantie de la seconde émission de bons de monnaie du gouvernement turc et des émissions subséquentes ; de son engagement de restituer : 1º le dépôt d'or confié à la Reichsbank comme garantie de l'avance consentie le 5 mai 1915 par le Conseil d'administration de la dette ottomane au gouvernement turc ; 2º l'or qui avait été transféré à l'Allemagne à l'occasion de ses prêts au gouvernement austro-hongrois ; 3º l'or et tous autres instruments monétaires ou négociables qu'elle s'était fait attribuer par les traités de Bucarest et de Brest-Litovsk.

On sait comment, au cours de la guerre, les autorités allemandes avaient, sous des prétextes divers, réussi à concentrer à Berlin la plus grande partie de l'or que possédaient leurs alliés. Exiger la restitution d'un dépôt n'a jamais passé pour un acte de violence ou d'injustice à l'égard de celui qui l'a reçu.

VII

CLAUSES ÉCONOMIQUES

La partie X du traité de Versailles renferme les clauses économiques ; elles sont relatives aux douanes, à la navigation, à la concurrence déloyale, au traitement des ressortissants des Puissances alliées et associées. L'Allemagne s'engage à ne pas soumettre les marchandises, produits naturels ou fabriqués de l'un quelconque des États alliés ou associés importés sur le territoire allemand, à des droits ou charges, y compris les impôts intérieurs, autres ou plus élevés que ceux auxquels sont soumis les mêmes marchandises, produits naturels ou fabriqués d'un autre pays. L'Allemagne ne maintiendra ou n'imposera aucune prohibition ou restriction à l'importation de marchandises ou produits des Etats alliés ou associés, qui ne s'étendrait pas aux mêmes importations provenant d'un autre pays. L'Allemagne s'engage à ne pas établir de différence au détriment du commerce des Etats alliés ou associés, par des moyens indirects, tels que ceux résultant de la réglementation ou de la procédure douanière, ou des méthodes de vérification ou d'analyse, ou des conditions de paiement des droits, ou des méthodes de classification ou d'interprétation des tarifs, ou encore de l'exercice de monopoles. Des engagements correspondants sont pris par l'Allemagne en ce qui concerne la sortie de marchandises et produits exportés de son territoire.

Toute faveur, immunité ou privilège, concernant l'importation, l'exportation ou le transit des marchandises qui seront accordés par l'Allemagne à un pays quelconque, seront simultanément et inconditionnellement, sans qu'il soit besoin de demande ni de compensation, étendus à tous les Etats alliés et associés.

Pendant cinq ans, les produits naturels ou fabriqués, originaires et en provenance des territoires alsaciens et lorrains réunis à la France seront reçus, à leur entrée sur le territoire allemand, en franchise de tous droits de douane ; mais les quantités de chaque produit ne pourront dépasser la moyenne annuelle des quantités envoyées au cours des années 1911 à 1913. Pendant la même période, l'Allemagne laissera librement sortir et réimporter en franchise les fils, tissus et autres matières ou produits textiles venus d'Allemagne dans les territoires alsaciens ou lorrains pour y subir des opérations de finissage, telles que blanchiment, teinture, impression, mercerisage, gazage, retordage ou apprêt. Pendant trois ans également, les produits des territoires polonais ayant fait, avant la guerre, partie de l'Allemagne, seront reçus en franchise par l'Allemagne, jusqu'à concurrence de la quantité moyenne annuelle envoyée de 1911 à 1913. Les principaux alliés et associés se réservent le droit d'imposer à l'Allemagne l'obligation de recevoir en franchise les produits du grand-duché de Luxembourg. Toutes ces dispositions s'expliquent d'elles-mêmes. Il est évident que l'on ne pouvait brutalement fermer à des industries les débouchés vers lesquels elles avaient, au cours d'une longue période, été obligées de se diriger. On devrait plutôt s'étonner de la brièveté du temps qui leur est accordé pour retrouver d'un autre côté l'équilibre indispensable. Ces dispositions n'ont d'autre but que de sauver de la ruine les industries alsacienne et polonaise.

Pendant les six mois qui suivent la mise en vigueur du traité, les taxes imposées par l'Allemagne aux importations des Puissances alliées et associées ne pourront être supérieures aux taxes les plus favorables qui étaient en vigueur le 31 juillet 1914. Cette disposition continuera à être appliquée pendant les trente mois suivants, mais seulement pour certains produits déterminés. Enfin, les Puissances alliées et associées se réservent, dans le cas où cela leur paraîtrait nécessaire pour sauvegarder les intérêts économiques de la population des territoires allemands occupés par leurs troupes, d'appliquer à ces territoires un régime douanier spécial.

Rien, dans ces diverses stipulations, ne justifie les accusations formulées par M. Keynes, lorsqu'il affirme que les vainqueurs ont voulu empêcher les vaincus de vivre. La plupart d'entre elles ne sont autre chose que le développement de la clause de la nation la plus favorisée, qui était inscrite dans le traité de Francfort de 1871 ; nous avons seulement profité d'une expérience presque demi-séculaire, au cours de laquelle nous avons vu l'Allemagne tourner les textes en introduisant subrepticement des distinctions subtiles et des réglementations minutieuses : nous avons essayé, par des dispositions appropriées, de prévenir le retour de ces fraudes.

L'Allemagne s'engage à prendre toutes mesures législatives ou administratives pour garantir les produits naturels ou fabriqués, originaires de l'une quelconque des Puissances alliées ou associées, contre toute forme de concurrence déloyale dans les transactions commerciales. Elle s'oblige à réprimer et à prohiber l'importation et l'exportation, ainsi que la fabrication, la circulation, la vente de tous produits portant sur eux-mêmes ou sur leur emballage des marques, noms, inscriptions ou signes quelconques comportant de fausses indications sur l'origine, l'espèce, la nature ou les qualités spécifiques. L'Allemagne, *à condition qu'un traitement réciproque lui soit accordé* en cette matière, s'oblige à se conformer aux lois et règlements en vigueur dans un pays allié ou associé déterminant le droit à une appellation régionale pour les vins ou spiritueux. L'importation, l'exportation, la fabrication, la circulation, la vente des produits portant des appellations régionales contrairement aux lois précitées seront interdites par l'Allemagne.

L'Allemagne peut-elle se plaindre de dispositions de cette nature, qui se bornent à défendre les droits légitimes des industriels ou producteurs? peut-elle faire une objection quelconque, alors qu'un traitement de réciprocité lui est accordé?

Le traité n'est pas moins équitable au sujet des ressortissants des Puissances alliées ou associées. Tout ce qu'il exige de l'Allemagne, c'est qu'elle ne les frappe, en ce qui concerne l'exercice des métiers, professions, commerces et industries, d'aucune exclusion qui ne serait pas également applicable à tous les étrangers ; qu'elle ne les soumette à aucun règlement qui violerait cette égalité ; qu'elle ne leur impose aucune taxe plus élevée que celle qui pèserait sur ses propres ressortissants.

Le règlement des dettes et créances entre ressortissants d'une des Puissances contractantes et ceux d'une puissance adverse doit se faire par l'intermédiaire d'offices de vérification et de compensation qui seront constitués par chacune des parties contractantes. Seront réglés de la même façon les intérêts échus avant et pendant la guerre, les capitaux remboursables avant et pendant la guerre, payables aux ressortissants d'une des Puissances contractantes, représentant des valeurs émises par une puissance adverse, pourvu que le paiement de ces intérêts ou de ce capital aux ressortissants de cette puissance ou aux neutres n'ait pas été suspendu pendant la guerre. Chacune des parties contractantes interdit toute communication entre les parties intéressées relativement au règlement desdites dettes, autrement que par l'intermédiaire des offices de vérification et de compensation. Chaque partie contractante sera responsable du payement desdites dettes de ses nationaux, sauf celles des habitants des territoires envahis. Les hautes parties contractantes prendront toutes mesures pour poursuivre et punir les collusions entre créanciers et débiteurs ennemis. Les offices se communiqueront toutes indications et tous renseignements pouvant aider à découvrir de semblables collusions. Lorsqu'une dette aura été reconnue, l'office débiteur créditera aussitôt l'office créancier de ce montant. La balance des opérations entre les offices sera établie tous les mois et le solde réglé par l'État débiteur. Toutefois, les soldes dus par les Puissances alliées et associées seront retenus jusqu'au paiement intégral des sommes à elles dues du chef de la guerre. Sans entrer plus avant dans le détail des articles qui règlent minutieusement cette procédure des offices de compensation, nous en avons dit assez pour montrer que l'Allemagne est traitée, en cette matière, sur le pied d'égalité et que ses nationaux créanciers ou débiteurs verront leur compte se régler comme ceux des Français et des autres alliés.

Les mesures exceptionnelles de guerre prises par l'Allemagne concernant les biens, droits et intérêts des ressortissants des Puissances alliées ou associées seront levées. Ces puissances ont le droit de retenir et de liquider tous les biens, droits et intérêts appartenant à des ressortissants allemands ; ceux-ci seront indemnisés par leur gouvernement.

Les contrats conclus entre ennemis seront considérés comme ayant été annulés, sauf en ce qui concerne les dettes et autres obligations pécuniaires résultant de l'exécution d'un acte ou paiement prévu par ces contrats. Seront maintenus les contrats dont, dans un intérêt général, les Puissances alliées ou associées réclameraient l'exécution. Sur le territoire des hautes parties contractantes, dans les rapports entre ennemis, tous délais de prescription, péremption ou forclusion seront suspendus pendant la durée de la guerre et ne recommenceront à courir que trois mois après la mise en vigueur du traité. Lorsqu'un contrat entre ennemis aura été invalidé, la partie lésée pourra s'adresser au tribunal arbitral mixte, afin d'obtenir réparation. Ce tribunal sera constitué entre chacune des

Puissances alliées ou associées, d'une part,
et l'Allemagne, d'autre part. Chaque tribunal sera composé de trois membres. Chacun des gouvernements intéressés en désignera un ; le président sera choisi à la suite
d'un accord entre les deux gouvernements
intéressés, et, au cas où cet accord ne pourrait intervenir, par la Société des Nations.
Ici encore, égalité parfaite entre l'Allemagne
et nous.

Les droits de propriété industrielle, littéraire ou artistique seront rétablis et restaurés
en faveur de ceux qui en étaient bénéficiaires
au moment où l'état de guerre a commencé.
Chacune des Puissances alliées ou associées
se réserve la faculté d'apporter aux droits
de propriété industrielle, littéraire ou artistique qui seraient acquis par des ressortissants allemands telles limitations, conditions
ou restrictions qui pourraient être considérées
comme nécessaires pour les besoins de la
défense nationale ou dans l'intérêt public, ou
pour assurer un traitement équitable, par
l'Allemagne, des droits de propriété industrielle, littéraire ou artistique possédés sur
le territoire allemand par les ressortissants

des Puissances alliées et associées, ou pour garantir l'entier accomplissement de toutes les obligations contractées par l'Allemagne en vertu du traité. Dans ce cas, il sera accordé des indemnités ou redevances raisonnables qui recevront la même affectation que toutes les autres sommes dues à des ressortissants allemands.

Aucune action ne pourra être intentée par des ressortissants allemands ni par des ressortissants des Puissances alliées ou associées à raison de faits qui se seraient produits sur le territoire de l'autre partie, entre la déclaration de guerre et la mise en vigueur du traité, et qui auraient pu être considérés comme portant atteinte à des droits de propriété industrielle, littéraire ou artistique. Ici encore, égalité entre vainqueurs et vaincus.

VIII

TRANSPORTS

En ce qui concerne les transports, l'Allemagne s'engage à accorder la liberté du transit, à travers son territoire, sur les voies les plus appropriées au trafic international, par chemin de fer, par cours d'eau navigable ou par canal, aux personnes, marchandises, navires, bateaux, wagons et services postaux en provenance ou à destination de l'une quelconque des Puissances alliées ou associées. Il n'y aura aucun droit de transit, ni aucun délai ou restriction inutile. Les personnes, marchandises, navires, wagons recevront le traitement national à tous égards. L'Allemagne s'interdit d'établir une distinction en ce qui concerne les droits, taxes et prohibitions relatifs aux importations ou exportations, en raison soit de la frontière d'entrée ou de sortie, soit de la nature, de la propriété ou du pavillon des moyens de transport employés, soit du point de départ primitif ou immédiat, de la destination finale ou intermédiaire, de l'itinéraire suivi ou des points de transbordement. L'Allemagne s'interdit notamment d'établir, au préjudice des ports ou navires de l'une quelconque des Puissances alliées ou associées, aucune surtaxe, aucune prime directe ou indirecte à l'exportation ou à l'importation.

C'est ici qu'il convient de rappeler un article du traité de Versailles dont il a peu été question dans les polémiques allemandes ou germanophiles et qui porte cependant, plus qu'aucun autre, l'empreinte de cet esprit d'extrême modération dont les Alliés n'ont cessé de s'inspirer. « A l'expiration d'un délai de cinq ans, dit l'article 378, les dispositions des articles 321 à 330, 332, 365 à 369, pourront, à tout moment, être revisés par la Société des Nations. A défaut de revision, le bénéfice d'une quelconque des stipulations contenues dans les articles énumérés ci-dessus ne pourra, à l'expiration du délai prévu au paragraphe précédent, être réclamé par une des Puissances alliées et associées en faveur d'une portion quelconque de ses territoires *pour laquelle la réciprocité ne serait pas accordée.* Le délai de cinq ans pendant lequel la réciprocité ne pourra pas être exigée, pourra être prolongé par le Conseil de la Société des Nations. »

Les articles visés comprennent les dispositions relatives aux ports, voies d'eau et voies ferrées que nous avons résumées : elles assurent la liberté de circulation des mar-

chandises, de la navigation, des transports
par chemins de fer. Or que signifie l'article
378? C'est que, par exemple, les produits
algériens ne jouiront plus, en 1925, de l'égalité des conditions de transit en Allemagne,
si les marchandises allemandes ne jouissent
pas du même traitement sur les voies algé-
riennes. Et la période de non-réciprocité ne
peut être prolongée que par le Conseil de la
Société des Nations. Or les délibérations de ce
conseil, d'après l'article 5 du traité de Versailles, sont prises à l'unanimité. Il dépendra
donc du représentant d'un seul État de nous
refuser la prorogation dont les autres puissances auraient reconnu la nécessité. Telles
sont les conséquences de stipulations, qui
constituent évidemment une faveur marquée
pour les vaincus.

IX

TRAITÉS AUTRICHIEN ET BULGARE

Les traités autrichien et bulgare ont beaucoup de points de ressemblance avec celui
de Versailles. Le principe qui est à leur base

est le même. C'est ainsi qu'à Saint-Germain-en-Laye, le 10 septembre 1919, les gouvernements alliés et associés ont déclaré, et l'Autriche a reconnu, que « l'Autriche et ses alliés sont responsables, pour les avoir causés, des pertes et des dommages subis par les gouvernements alliés et associés et leurs nationaux, en conséquence de la guerre qui leur a été imposée par l'agression de l'Autriche-Hongrie et de ses alliés ». Ce sont les termes identiques à ceux dans lesquels, trois mois plus tôt, était rédigé l'article 231 du traité de Versailles. La Commission des réparations se confond avec celle qui a été constituée pour le règlement avec l'Allemagne : elle formera une section pour les questions spéciales soulevées par l'application du traité avec l'Autriche. Elle établira un état des paiements, en prévoyant les époques et les modalités de l'acquittement par l'Autriche, dans une période de trente ans, à dater du 1er mai 1921, de la part de la dette qui lui aura été assignée après que la Commission aura estimé si l'Allemagne est en situation de payer le solde du montant global des réclamations présentées contre l'Allemagne et ses alliés. L'Autriche accepte que ses ressources économiques soient directement affectées aux réparations. Elle effectuera la restitution des espèces enlevées, saisies ou séquestrées, ainsi que celle des animaux, des valeurs et objets de toute sorte enlevés, saisis ou séquestrés.

Le gouvernement autrichien reconnaît la Commission des réparations et lui confirme irrévocablement la possession et l'exercice des droits et pouvoirs que lui confère le traité. Il fournira à la Commission tous renseignements sur la situation et les opérations financières, sur les biens, la capacité de production et les approvisionnements et la production courante des matières premières et objets manufacturés de l'Autriche et de ses ressortissants. Le coût d'entretien des armées alliées et associées dans les territoires occupés de l'Autriche sera à la charge de l'Autriche à partir de la signature de l'armistice du 3 novembre 1918.

Chacun des États auxquels un territoire de l'ancienne monarchie austro-hongroise est transféré et chacun des États nés du démembrement de cette monarchie assumeront la responsabilité d'une part de la dette de l'aucien gouvernement autrichien, spécialement gagée sur des chemins de fer, des mines de sel ou d'autres biens, telle qu'elle était constituée le 28 juillet 1914.

Chacun de ces États assumera également une part de la dette non gagée de l'ancien gouvernement autrichien, telle qu'elle était constituée le 28 juillet 1914, et calculée en prenant pour base la moyenne des trois années financières 1911, 1912 et 1913, d'après le rapport existant entre les revenus du territoire réparti et les revenus correspondants de la totalité des anciens territoires autrichiens. Dans un délai de deux mois, ces mêmes États ont estampillé, avec un timbre spécial à chacun d'eux, les billets de la Banque d'Autriche-Hongrie détenus sur leurs territoires respectifs : au cours de l'année suivante, ils doivent remplacer ces billets par leur propre monnaie, à des conditions qu'ils détermineront. La Banque d'Autriche-Hongrie sera liquidée. Les billets émis par elle postérieurement au 27 octobre 1918 auront pour unique garantie les titres émis par les gouvernements autrichien et hongrois, déposés à la Banque en couverture de l'émission de ces billets.

Les porteurs de ces billets n'auront aucun droit sur les autres éléments de l'actif de la Banque.

Beaucoup des clauses financières du traité de Saint-Germain-en-Laye sont calquées sur celles du traité de Versailles, notamment celles qui ont trait à la restitution des dépôts d'or ottoman, à la renonciation au bénéfice des traités de Bucarest et de Brest-Litovsk, à la vente des droits des ressortissants de l'Autriche et de ceux de ses ex-alliés dans toute entreprise d'utilité publique ou dans toute concession en Autriche qui seraient réclamés par la Commission des réparations. Un article spécial prévoit la fixation, par une entente entre les gouvernements intéressés, de tous les ajustements financiers rendus nécessaires par le démembrement de l'ancienne monarchie austro-hongroise et par la réorganisation des dettes publiques et du système monétaire. Ces ajustements concernent, entre autres, les banques, compagnies d'assurances, caisses d'épargne, caisses d'épargne postale, établissements de crédit foncier, sociétés hypothécaires et toutes autres institutions similaires opérant sur le territoire de l'ancienne monarchie austro-hongroise.

Les clauses économiques touchant les relations commerciales, les réglementations douanières, la concurrence déloyale, le traitement des ressortissants des Puissances alliées ou associées, les dettes et créances des ressortissants des puissances contractantes, les biens, droits et intérêts privés, les contrats, prescriptions et jugements, notamment pour les effets de commerce, assurances et réassurances, sont analogues à celles du traité de Versailles. Des tribunaux arbitraux mixtes sont prévus et constitués de la même manière. Les droits de propriété industrielle, artistique et littéraire sont réglés selon les mêmes principes. L'Autriche, comme l'Allemagne, accorde la liberté de transit à travers son territoire aux personnes, marchandises, navires, wagons en provenance ou à destination des territoires des Puissances alliées et associées.

Le Danube est déclaré international depuis Ulm, ainsi que la partie du cours de la Morawa et de la Thaya qui constitue la frontière entre la Tchéco-Slovaquie et l'Autriche ;

de même la voie navigable Rhin-Danube, si elle venait à être construite. La commission européenne du Danube exercera de nouveau les pouvoirs qu'elle avait avant la guerre : provisoirement elle ne comprendra que les représentants de la Grande-Bretagne, de la France, de l'Italie et de la Roumanie.

Le libre accès de la mer Adriatique est accordé à l'Autriche et, à cette fin, la liberté de transit lui est reconnue sur les territoires et dans les ports détachés de l'ancienne monarchie austro-hongroise ; cette liberté s'étend aux services postaux, télégraphiques et téléphoniques. On s'est donc gardé de l'encercler et de l'isoler de la mer.

Le traité bulgare, signé le 27 novembre 1919 à Neuilly-sur-Seine, est fondé, comme les deux autres, sur le principe des réparations. Mais il a, d'ores et déjà, fixé un forfait de deux milliards deux cent cinquante millions de francs pour les réparations à la charge de la Bulgarie. Cette somme doit être acquittée en trente-sept ans, au moyen de versements semestriels comprenant l'intérêt à 5 pour 100 et l'amortissement. La Commission des réparations aura le droit,

par un vote à la majorité et dans la limite
des propositions d'une Commission interalliée, de procéder à toute réduction ou à tout
report de dette. La Commission interalliée
doit être constituée à Sofia. Elle est composée
de trois membres nommés par l'Angleterre,
la France et l'Italie. La Bulgarie est représentée auprès d'elle par un commissaire. Le
gouvernement bulgare s'engage à promulguer une loi prévoyant tous pouvoirs nécessaires au fonctionnement de cette Commission, et, d'une façon générale, à faire
promulguer et à maintenir en vigueur toute
législation nécessaire à la complète exécution
du traité.

Par une disposition en partie rétroactive,
le traité de Neuilly impose à la Bulgarie,
en raison de l'acquisition de territoires ottomans cédés en vertu du traité de Constantinople de 1913 ou de territoires dont la
cession est confirmée par le traité actuel, la
charge d'une part de la Dette publique ottomane extérieure d'avant-guerre. La Bulgarie s'engage à payer, à valoir sur les montants nécessaires pour acquitter cette part
de la Dette ottomane, telles sommes que

fixera ultérieurement une Commission nommée pour déterminer dans quelle mesure la cession des territoires ottomans entraînera obligation de contribuer à cette dette.

Quant à l'emprunt contracté par la Bulgarie en Allemagne, en juillet 1915, la Commission des réparations pourra se faire céder tous les droits, intérêts et titres de toute nature concédus à des ressortissants allemands, autrichiens et hongrois et relatifs à cet emprunt. Le gouvernement bulgare transférera à la Commission des réparations tous les droits, intérêts et titres détenus par les ressortissants bulgares en vertu des mêmes contrats d'emprunt ; il indemnisera ses ressortissants. Il transférera à la Commission toutes les créances ou droits à réparation de la Bulgarie ou de ses ressortissants sur l'Allemagne, l'Autriche, la Hongrie, la Turquie. Toute somme que la Commission recouvrera à ce titre sera portée au crédit de la Bulgarie, à valoir sur les sommes dues par elle au titre des réparations.

D'autres dispositions du traité correspondent également à celles des traités allemand et autrichien, notamment en ce qui concerne les biens, droits et intérêts privés, les contrats, prescriptions et jugements, le tribunal arbitral mixte, la propriété industrielle, la navigation aérienne, les ports, voies d'eau et voies ferrées, la navigation, les chemins de fer. La Bulgarie s'est engagée à adhérer à toute convention générale concernant le régime international du transit, des voies navigables, des ponts et des voies ferrées qui pourrait être conclue entre les Puissances alliées et associées, avec approbation de la Société des Nations, dans un délai de cinq ans.

X

CONSIDÉRATIONS GÉNÉRALES
JUGEMENTS AMÉRICAINS

Plus on étudie les divers traités intervenus entre les Puissances alliées et associées, d'une part et l'Allemagne, l'Autriche, la Bulgarie, d'autre part, en attendant la signature de ceux qui restent à conclure avec la Turquie et la Hongrie, et plus on constate l'esprit de modération qui a guidé les vainqueurs. Après s'être efforcés de refaire une carte d'Europe, dans l'établissement de laquelle la liberté des peuples et le droit des individus ont été respectés plus scrupuleusement que dans un aucun autre acte international antérieur, les plénipotentiaires des quatre grandes nations ont voulu régler les questions économiques avec la hauteur de vues qui avait inspiré les solutions des innombrables problèmes politiques posés devant la Conférence. Nous devons ici, une fois de plus, nous référer à la lettre mémorable du 16 juin 1919 adressée au président de la délégation allemande, dans laquelle le président du Conseil suprême, ·M. Clemenceau, a résumé de la façon la plus saisissante l'histoire de la guerre et établi la plus puissante et la plus irréfutable des explications du traité de Versailles. « La justice, écrivait-il, est la seule base possible pour le règlement des comptes de cette terrible guerre. La justice est ce que la Délégation allemande demande et ce que cette Délégation déclare qu'on a promis à l'Allemagne. La justice, l'Allemagne l'aura. Mais il faut que ce soit la justice pour tous. Il faut que ce soit la justice pour les morts, pour les blessés, pour les orphelins, pour tous ceux qui sont en deuil... Il faut que justice soit rendue aux peuples qui chancellent aujourd'hui sous un fardeau de dettes de guerre s'élevant à plus de 750 milliards de francs et qu'ils ont accepté pour sauver la liberté. Il faut que justice soit rendue aux millions d'êtres humains, dont la sauvagerie allemande a pillé et détruit les foyers, la terre, les vaisseaux, les biens. Voilà pourquoi les Puissances alliées et associées ont déclaré avec insistance que l'Allemagne, comme condition primordiale du traité, doit entreprendre une œuvre de réparation jusqu'à l'extrême limite de sa capacité, car la réparation des torts qu'on a causés est l'essence de la justice. »

M. Clemenceau expliquait ensuite la genèse des clauses de réparation, qui limitent la somme payable par l'Allemagne au montant, clairement justifié par les termes de l'armistice, des dommages causés à la population civile des Alliés par l'agression allemande. Le traité a pour but de rendre aussi aisé que possible le paiement des réparations auxquelles l'Allemagne est tenue. Les

Puissances alliées et associées ont reconnu
les avantages qu'il y avait à déterminer le
plus tôt possible la somme à payer. Mais cette
détermination ne pouvait se faire au moment
de la signature du pacte, car l'étendue des
dommages et le coût des réparations n'étaient
pas encore établis. Les Puissances ont alors
consenti à accorder à l'Allemagne toutes les
facilités nécessaires et raisonnables pour lui
permettre de se former une idée d'ensemble
des dévastations et dommages et de présenter
des propositions dans un délai de quatre
mois à dater de la signature du traité, pour
le règlement des demandes correspondant à
chacune des catégories de dommages dont
elle est responsable. Si on était arrivé à un
accord, le chiffre dû par l'Allemagne aurait
été déterminé ; puisque l'Allemagne n'a pas
usé de la faculté qui lui avait été octroyée,
dans les délais convenus, les clauses du traité
seront exécutées. Or, le lecteur a pu se rendre
compte de ce que sont ces clauses. Découlant
toutes du principe de réparation inscrit au
frontispice de l'œuvre, elles tendent à trois
buts essentiels : 1º faire verser entre les mains
des Alliés les sommes auxquelles ceux-ci

ont droit ; leur restituer l'outillage industriel et agricole qui leur a été ravi : à ces
fins, multiplier en faveur de l'Allemagne les
moyens de paiement, de remise et de compensation ; 2º garantir aux ressortissants des
Puissances alliées un traitement équitable
dans leurs relations économiques avec l'Allemagne ; 3º assurer la liberté du transit.
Dans beaucoup de cas, la réciprocité, soit
immédiate, soit à brève échéance, a été sti-
pulée en faveur des Allemands.

Les dispositions du traité de Versailles,
que M. Keynes a si amèrement critiquées,
ont été ailleurs jugées tout autrement.
M. Nicolas Murray Butler, que nous aimons
à citer, comme l'une des hautes autorités
morales et intellectuelles des États-Unis,
définissait la Société des Nations « la pro-
tectrice du droit international et de la justice, de la sainteté des engagements internationaux, du droit qu'ont les petites nations
d'être libres et protégées contre toute attaque
de la part de voisins plus nombreux et
puissants ». Il se prononçait énergiquement
contre l'admission immédiate, au sein de la
Société, de l'Allemagne et de l'Autriche, que

réclame M. Keynes. « Il est inconcevable, écrivait M. Butler, que des gouvernements et des peuples qui ont failli briser et renverser le monde civilisé, soient admis à des conférences où se discutent les méthodes de reconstruction, la punition de leurs péchés et la forme de gouvernement à donner aux peuples qu'ils ont si longtemps dominés et terrorisés. Ce n'est que lorsque les Allemands et les Autrichiens auront lavé leurs mains du sang de la Belgique et de la Serbie, qu'ils se seront sincèrement repentis de crimes comme le torpillage de la *Lusitania* et du *Sussex* qu'ils pourront être admis dans une famille qu'ils ont tenté d'assassiner. »

Le même Nicolas Murray Butler portait ce sage jugement sur le traité à intervenir et invoquait à cet effet les leçons de l'histoire de sa propre patrie : « Les Américains se rendent compte que les difficultés de la paix sont comparables aux dangers et désordres de la guerre, et que, là où les principes directeurs doivent être mis en lumière d'une façon si fréquente et si importante, il s'élèvera naturellement des différences d'opinion plus ou moins profondes, et les caractères entrent en conflit plus ou moins avéré. Les Américains n'ont pas perdu la mémoire des difficultés semblables qui surgirent, dans leur propre pays, entre patriotes à l'esprit élevé, à la fin de la Révolution, et de nouveau à la clôture de la guerre de Sécession. Nous, hommes des États-Unis, nous serons patients et nous efforcerons de porter nos regards au delà et derrière ces conflits superficiels, en premier lieu parce que notre peuple comprend l'Europe comme il ne l'avait jamais comprise jusqu'ici ; en second lieu, parce que nous sommes attachés aux nations européennes victorieuses par des liens plus forts et plus affectueux qu'aucun de ceux qui ont, existé dans le passé. » Voilà dans quels termes s'exprimait, au lendemain de l'armistice en décembre 1918, le professeur Nicolas Murray Butler. Il rendait par avance hommage à l'esprit dans lequel les conditions de la paix seraient arrêtées. Il mesurait les difficultés du, traité à intervenir et répondait, dès lors, aux critiques qui ne manqueraient pas de lui être adressées. Il invoquait le souvenir des époques les plus glorieuses et aussi les plus semées d'écueils de la grande

République : ni en 1783, ni en 1865, la tâche de ceux qui eurent à fixer ses destinées ne fut aisée. Seule, la suite des temps a démontré la sagesse des règlements qui intervinrent alors. M. Nicolas Murray Butler demande que crédit soit fait au traité de paix et il invite le monde à être patient, comme le furent, dans les circonstances solennelles qu'il rappelle, les citoyens américains.

Nous sommes particulièrement heureux d'invoquer ce témoignage. Tant de légendes ont été répandues en France sur l'attitude des États-Unis ; nous avons si vite oublié l'aide incomparable qu'ils nous ont apportée ; nous avons tellement négligé de nous instruire de leur politique intérieure et de chercher à comprendre les motifs du différend qui s'est élevé entre le président Wilson et le Sénat ! Il est bon de rappeler à nos compatriotes que le traité de Versailles fut aussi l'œuvre de nos « associés » et que nous les retrouverons, à un moment donné, disposés à en faire exécuter les clauses. Au moment où s'élaborait le règlement, nous manifestions parfois de l'impatience, du mécontentement, et nous accusions volontiers cer-

tains de nos amis de ne pas tenir un compte
suffisant de nos justes droits. Aujourd'hui,
nous portons un jugement plus calme sur le
traité. En constatant qu'il est loin de nous
donner satisfaction sur tous les points où
nous le méritions, nous reconnaissons qu'en
présence de la multiplicité et de la contra-
diction des intérêts qui se heurtaient, il
constitue une solution acceptable de la plupart des problèmes qui se posaient. Au point
de vue économique, il est l'expression d'une
volonté réfléchie de ne pas brusquer les solutions, de proportionner les demandes légitimes de réparation aux facultés du débiteur.
Ce n'est pas celui-ci qui peut se plaindre des
dispositions prises, mais bien certains créanciers, que leur propre détresse rend à bon
droit impatients. Pour justifier l'état d'esprit de ces derniers, nous aurons à mettre
sous les yeux du lecteur le tableau des ruines
amoncelées sur les territoires qui furent
envahis, occupés, puis anéantis par les Germains. Nous aurons aussi à exposer la situation financière des Alliés, qui n'est pas seulement la conséquence de la guerre, mais qui a
été terriblement aggravée par la façon dont

cette guerre a été conduite. La moitié des charges qui pèsent aujourd'hui sur le contribuable français proviennent de la destruction systématique des maisons, des usines, des mines, des arbres qui a été perpétrée par les armées allemandes en dehors de toutes les lois de la guerre.

XI

L'OPINION ANGLAISE ET LE LIVRE DE M. KEYNES

Nous terminions notre premier chapitre en citant les critiques que plusieurs Américains considérables ont faites du livre de M. Keynes. La conclusion de la seconde partie de notre étude sera placée sous l'invocation des compatriotes de l'auteur. Le plus grand journal de Londres, le *Times*, reflet le plus sûr de l'opinion anglaise, a jugé aussi sévèrement que nous un livre qu'il résume dans le titre de l'article qu'il lui consacre : « Réconfort pour l'Allemagne. » Il s'indigne, comme nous, qu'un écrivain puisse placer sur la même ligne les Allemands et les Alliés, qu'il ose comparer à la violation de la Belgique la prétendue injustice du traité de Versailles, qu'il semble, de propos délibéré, ignorer les crimes de piraterie sous-marine et autres dont les Allemands se sont rendus coupables. Il cite de nombreux exemples de cette mentalité étrange, qui semble prédisposer l'auteur à ne voir jamais que le côté allemand dans n'importe quelle question. C'est ainsi que M. Keynes, déplorant que des fleuves comme l'Elbe, l'Oder, le Rhin, soient placés sous le contrôle de commissions internationales, compare cette organisation à celle qu'imposerait à la Grande-Bretagne la constitution d'un « conseil de surveillance de la Tamise ». Il oublie tout simplement que celle-ci n'est pas un cours d'eau traversant plusieurs pays. Voilà un exemple entre cent des erreurs où l'entraîne sa passion. « Le livre, nous traduisons littéralement le texte du *Times*, est tellement vicié par une violence progermaine persistante que sa valeur, en tant que contribution à l'étude des conséquences économiques de la guerre, en est singulièrement affaiblie. »

La fin de l'article est d'une éloquence singulière. « Étudier le traité dans un esprit d'oubli de la culpabilité germaine, d'atténuation des crimes allemands, avec le souci, sous prétexte d'impartialité, d'aider l'Allemagne à échapper aux conséquences de sa félonie, c'est non seulement se condamner à un échec, mais c'est détruire ce qui reste de la solidarité interalliée, grâce à laquelle les plans allemands ont été anéantis. L'Allemagne est entrée en campagne parce qu'en 1870-71, elle avait fait de la guerre une affaire profitable et qu'elle espérait recommencer. Elle a failli réussir. Si maintenant on lui donnait le contrôle des ressources russes et qu'on la tînt quitte des réparations, en lui laissant l'option de payer ou de ne pas payer, qui l'empêcherait, dans quelques années, une fois qu'elle serait maîtresse de la Russie, de renouveler la lutte avec une armée préparée en secret, commandée par des vétérans, et de rançonner l'Europe et l'Asie? M. Keynes est peut-être un économiste de valeur. Il a pu être un bon fonctionnaire de la Trésorerie. Mais, en écrivant son livre, il a desservi les Alliés d'une façon qui lui vaudra sans doute la reconnaissance de leurs ennemis. »

Nous n'ajouterons rien à ce jugement britannique : il nous dispense d'aller plus loin dans l'exposé et la justification des clauses économiques du traité. Nous regarderons maintenant « de l'autre côté de la barricade », en essayant de soulever le voile d'oubli qui semble déjà s'étendre entre beaucoup de nos contemporains et le souvenir des horreurs sans nom dont l'Europe et les mers du globe furent le théâtre pendant plus de quatre ans, et en montrant contre quelles difficultés financières les Alliés ont à lutter aujourd'hui.

CHAPITRE III

LES RÉGIONS ANÉANTIES
ET LES FINANCES DES ALLIÉS

I

DÉPARTEMENTS FRANÇAIS ENVAHIS

Nous réunissons dans cette troisième partie de notre travail l'étude des dévastations commises par les hordes allemandes et celle des budgets des Alliés, parce que la principale cause des souffrances financières au milieu desquelles ils se débattent, remonte à ces destructions néfastes, opérées en dehors de toutes les lois de la guerre, jusqu'ici admises par les peuples civilisés, et que les Prussiens eux-mêmes avaient partiellement respectées en 1870.

Nous mettrons sous les yeux du lecteur les tableaux de pays prospères, riches, laborieux, qui, dans l'agriculture comme dans l'industrie, déployaient, avant 1914, une activité merveilleuse et qui, ayant servi, pendant plus de quatre ans, de champs de bataille aux armées, se sont trouvés, l'expression n'est pas trop forte, anéantis au lendemain des hostilités.

Nous commencerons par la France, dont dix départements du Nord et de l'Est, le Nord, le Pas-de-Calais, la Somme, l'Aisne, l'Oise, la Marne, les Ardennes, la Meuse, Meurthe-et-Moselle, les Vosges forment un ensemble qu'on a longtemps désigné du nom de régions dévastées ; elles sont aujourd'hui réunies sous l'administration d'un ministère qui s'appelle celui des régions libérées et dont le budget pour 1920, déposé au début de l'année sur le bureau de la Chambre, dépassait le chiffre de 16 milliards de francs. Essayons de nous représenter l'état dans lequel se trouvent ces territoires.

Avant tout, rappelons que les désastres dont la plume donne une bien faible idée — car il faut avoir vu de ses yeux de pareils spectacles pour en saisir la portée — ne sont pas ce qu'on appelle communément des faits de guerre. La plupart d'entre eux ont été accomplis par les Allemands en dehors des zones de combat, avec la volonté formelle de ruiner la France de fond en comble, d'empêcher à jamais son relèvement, d'anéantir ses industries, son commerce et jusqu'au sol même dont ses habitants tirent leurs moyens d'existence. Dans un département comme le Pas-de-Calais, deux arrondissements sur six, ceux d'Arras et de Béthune, se sont trouvés dans le feu de la lutte. Les quatre autres, restés en dehors de l'action des combattants, n'en ont pas moins subi les mêmes outrages.

Bien que ces régions ne mesurent que 7 pour 100 de la superficie totale de la France, elles fournissaient 14 pour 100 des céréales, 47 pour 100 des betteraves à sucre, 55 pour 100 des graines et filasses de lin du pays. L'extraction de leurs mines représentait 50 pour 100 de la houille, 92 pour 100 du minerai de fer. Leurs usines nous donnaient 81 pour 100 de la fonte, 60 pour 100 de l'acier, 77 pour 100 du zinc, 22 pour 100 du plomb produits en France. De leurs ateliers de construction sortait un cinquième de nos machines, mécaniques et outils. Leurs fabriques préparaient les quatre cinquièmes de nos lainages et les sept dixièmes de nos cotonnades. Elles manufacturaient une part très importante de la lingerie, des vêtements, des confections, des tissus de lin et de chanvre, ainsi que de la vannerie et de la cordonnerie.

Sans revenir sur l'horreur des dévastations, nous nous bornerons à traduire ici en chiffres les dommages causés aux habitations, aux champs, aux forêts, aux industries, aux entreprises de transport et moyens de communication, au commerce, aux valeurs mobilières.

II

IMMEUBLES BATIS ET NON BATIS

Habitation. — Dans certaines régions, on parcourt de longs trajets sans rencontrer une maison debout ou intacte ! Il en est ainsi entre Soissons et Saint-Quentin (60 kilomètres) ; entre Soissons et Laon (38 kilomètres) ; entre Armentières et Péronne en passant par la Bassée, Lens, Arras et Bapaume (95 kilomètres). De nombreuses villes, Bapaume, la Bassée, Montdidier, Lens, Saint-Quentin, Soissons, Reims, Arras, Armentières, Bailleul, Merville, Chauny, Verdun, n'existent plus. Le coefficient de destruction, dans de nombreux cantons, est terrifiant. Dans celui de Ribécourt (Oise) qui compte 18 communes, la proportion des maisons ruinées est de 100 pour 100 dans 8 communes, de 80 à 95 pour 100 dans 7 communes ; dans 3 seulement, il descend au-dessous de 80. La proportion est la même pour les bâtiments d'exploitation. Toutes les églises, toutes les écoles sont atteintes, la moitié irréparables. Dans l'ensemble, on estime que le nombre des immeubles détruits ou gravement endommagés est de 410 000, dont 240 000 totalement et 170 000 partiellement détruits. Il y a plus d'un an, en janvier 1919, M. Louis Dubois estimait à 22 milliards le coût des réparations et des reconstructions. Les prix ont monté depuis lors dans la proportion que l'on sait, et ce chiffre est très inférieur à la réalité. Quant au mobilier enlevé, endommagé ou détruit, on ne saurait le compter à moins de 10 milliards : car, d'après une enquête portant sur plus de 100 000 polices d'assurance, il représentait plus de la moitié de la valeur des immeubles.

Agriculture. — La plupart des régions envahies figuraient parmi les plus fertiles de la France. D'après un calcul fait par le ministre de l'Agriculture en mars 1917, elles fournissaient, avant 1914, le quart de nos betteraves industrielles, le dixième de l'avoine, le onzième du blé, le onzième des betteraves fourragères. Le Nord et le Pas-de-Calais produisaient les deux tiers du houblon récolté en France (20 000 quintaux sur 30 000). Depuis lors, la zone dévastée s'est considérablement étendue ; les proportions que nous venons d'indiquer sont donc inférieures à la réalité, comme le prouvent les chiffres, plus récents, que nous avons cités plus haut. Les dommages subis par l'agriculture sont incalculables, souvent irréparables. Ils ne résultent pas seulement de la ruine des maisons d'habitation et des bâtiments ruraux, de l'enlèvement ou de la destruction du matériel agricole et du bétail, du bouleversement des terres creusées, déchirées par les tranchées, les explosions de mines et d'obus, mais encore des travaux et installations. militaires de toute sorte et de l'état d'abandon dans lequel elles sont restées. Les dix départements envisagés, c'est-à-dire les dix que nous avons nommés tout à l'heure, et le territoire de Belfort ont une surface de 6 310 000 hectares, dont plus d'un tiers a souffert de la guerre. La valeur moyenne de ces 2 654 000 hectares atteints était en 1913 de 2 200 francs. Dès 1919 le dommage était évalué à 1 900 millions pour les bâtiments, 360 millions pour la part du capital foncier, là où le sol ne peut être remis en culture, 1 660 millions pour les dépenses à faire sur les hectares qu'il est possible de remettre en valeur, 1 214 millions pour les hectares moins gravement atteints, au total 3 234 millions pour la propriété non bâtie. Le matériel agricole à reconstituer représentait plus de 3, le bétail plus de 2, les approvisionnements près de 6 milliards, au total plus de 11 milliards. Si on additionne ces deux sommes, on voit que les dommages directs causés à l'agriculture s'élevaient, déjà au prix de 1919, à près de 15 milliards de francs. Les dommages indirects, nés de la perte du revenu pendant la guerre et la période de reconstitution, ont été évalués à plus de 3 milliards ; à ceux-là s'en ajoutent bien d'autres, tels que les pertes d'appointements ou de salaires, la dépense résultant de l'obligation d'importer les produits manquants, la destruction des chasses et des pêches.

Bois et forêts. — La superficie des forêts dévastées est d'environ 600 000 hectares ; elles ont subi deux sortes de dommages, destruction par la bataille, exploitation ruineuse par l'ennemi. Le coefficient de destruction est de 75 pour 100 ; en y ajoutant les frais de reconstitution, on arrive à un milliard et demi pour les dommages directs, deux milliards en y comprenant les dommages indirects.

III

INDUSTRIE

Houillères. — Les houillères du Nord et du Pas-de-Calais fournissaient en 1913 vingt millions de tonnes de charbon, soit la moitié de la production, le tiers de la consommation française. La destruction a été systématique : les chevalements ont été coupés aux explosifs, les machines d'extraction ont été brisées ; brisés aussi les cylindres, les arbres, les bielles ; les massifs et les corps des chaudières mis en morceaux, les cheminées renversées, les compresseurs détruits. Il en est de même des voies et moyens de communication, ponts, écluses, des installations de jour, de l'outillage ; les travaux du fond ont été noyés, soit par dérivation des eaux d'une rivière, soit par détérioration des cuvelages, qu'on a fait sauter à la dynamite. Les dépenses prévues pour la réfection du fond étaient estimées en 1919 à un milliard de francs ; pour celle des bâtiments et du matériel industriel, à 2 milliards ; les matières premières volées par l'ennemi se montent à un demi-milliard, les pertes, par défaut d'exploitation pendant les quatre années de guerre et les six années consécutives, à un milliard. Au total 4 milliards et demi, qui, aux prix d'aujourd'hui, en représentent bien davantage.

Mines et usines métallurgiques. — Un mémoire confidentiel, adressé en décembre 1917 par les associations des industriels allemands du fer et de l'acier et des maîtres de forges allemands, demandait l'incorporation au territoire de l'empire allemand du bassin minier franco-lorrain. Pendant la guerre, l'envahisseur a exploité les mines de Briey et de Longwy, tout en enlevant déjà à nos installations le meilleur de leur outillage et de leurs constructions. Lorsqu'il se sentit perdu, il détruisit avec rage tout ce qu'il savait devoir lui échapper. Aux aciéries de Longwy, à Mont-Saint-Martin, des neuf hauts fourneaux, quatre ont été entièrement démolis. Les cinq qui restent ont été dépouillés de leurs tuyères en cuivre, tympes, robinets, conduites, gueusards, wagons, poches à fonte, machines soufflantes. De l'aciérie Thomas, il ne reste que deux mélangeurs, et encore une partie du cuvelage est-elle démolie, ainsi que le monte-charge et les cubilots. Les belles installations de l'aciérie Martin, dont la capacité de production dépassait 200 000 tonnes par an, ont disparu : les 12 gazogènes, le mélangeur de 350 tonnes, les trois fours oscillants de 60 tonnes, les deux fours fixes de 25 tonnes, 12 ponts roulants sont enlevés. Aux laminoirs, les trains Blooming, universel, trio, réversible, dégrossisseur, les tours à cylindres, les fours, les chaudières, les tuyauteries, ont été expédiés à des usines allemandes, ou démolis. Aux usines de Senelle-Maubeuge, les opérations d'enlèvement et de destruction n'ont pas été moins complètes. Dès février 1915 commença le pillage systématique, accompagné de destructions non moins systématiques, les deux opérations poussées avec une intensité croissante jusqu'au jour où l'armistice y mit fin. Ici comme ailleurs, tout fut ordonné et conduit par des organisations allemandes, spécialement instituées à cet effet. Elles ont comporté des enlèvements de matières premières et de produits fabriqués, les matières premières étant souvent obtenues par bris de machines ou d'outillage ; des enlèvements de matériel et d'installations en vue d'un emploi déterminé ; des destructions méthodiques.

Aux seules usines de Senelle-Maubeuge, les enlèvements de matières et de produits, du 25 août 1914 au 11 novembre 1918, ont porté sur 130 000 tonnes. Mais ce tonnage formidable ne suffit pas à donner une idée du mal causé. Que l'on songe par exemple à ce que représentent 118 340 kilogrammes de bronze et autres métaux : c'étaient des robinets, des vannes, des coussinets, dont le démontage immobilise toutes les machines de l'usine et dont le remplacement sera aussi long que laborieux ; il faudra refaire les dessins de très nombreuses pièces, recomposer les modèles disparus, couler et usiner les pièces nouvelles. Les 9 247 tonnes de fontes moulées comprennent 2 380 tonnes de cylindres qui constituent l'outillage des laminoirs, correspondant à tous les profils de laminés produits par la Société. La reconstitution de ce matériel ainsi que des pièces moulées que représentent les lingotières, bases de lingotières, châssis de moulage, gueusards des hauts fourneaux, plaques de dallage des ateliers, sera particulièrement difficile et onéreuse.

Une importante partie des installations de l'usine ont été démontées, et remises à des sociétés allemandes. On n'a pas encore dressé la liste complète des recéleurs qui ont bénéficié de ces vols : mais on en connaît déjà bon nombre, dont les noms figurent dans le travail de M. Louis Dubois : celui-ci évalue le poids des objets soustraits à 5 420 tonnes, sans faire entrer dans ce calcul les wagons particuliers, ni les fournitures qui se trouvaient dans les magasins, telles que huile, graisse, courroies, aciers à outils, boulons, rivets, articles de quincaillerie.

La Société de Senelle-Maubeuge a très justement demandé que, pour tout le matériel lui appartenant qui pourra être retrouvé, les autorités françaises obtiennent des précisions sur l'état actuel de ce matériel. Si le démontage est possible, la réexpédition et le remontage en doivent être effectués. Si cela est impossible, il serait équitable que les usines allemandes, situées dans la région occupée par nos troupes, fussent contraintes de nous livrer un matériel équivalent à celui qui nous a été enlevé.

La destruction des usines d'Homécourt a été poussée, si possible, plus loin encore. Toutes les plaques de dallage en fonte, les tôles de clôture, le plancher, les garde-corps, les ponts roulants, leurs bascules, les moteurs électriques, les appareils Cowper, les lingotières, les machines, les pompes, les ateliers, ont été brisés ou enlevés ; des halles, des con vertisseurs, il ne reste que des carcasses informes. Le même plan d'anéantissement a été poursuivi dans toute la région : il était conçu et mis à exécution par un état-major, dont le quartier général était à Metz et comportait une centaine d'employés, presque tous militaires, et une douzaine de femmes. D'octobre 1914 au 21 janvier 1917, il s'appela d'un nom délicieusement euphémique : « Administration de protection des mines et usines françaises (*Schutzverwaltung der französischen Bergwerke und Hüttenbetriebe*) », ou par abréviation la *Schutz;* du 21 janvier 1917 au 9 février 1917, Service de la mise en valeur des machines et des matières premières (*Rohstoff und Maschinenverwertungsstelle*, par abréviation la *Rohma*); plus tard, *Rohstoff und Maschinenverteilungsstelle*, Service de la répartition des machines et des matières premières ; et enfin, *Beauftragter des Kriegsministerium*, représentant du ministre de la Guerre. Sous ces étiquettes différentes, ce furent toujours les mêmes procédés : pillage, enlèvement, destruction.

Une organisation analogue fonctionnait dans le Nord, où les établissements métallur-

giques français, tels que : Aciéries du Nord
et de l'Est, Denain-Anzin, Arbel, ont subi le
même sort. L'emplacement des établissements Arbel, à Douai, n'est plus qu'un désert ;
les boulons restés fixés dans les massifs de
béton attestent seuls que de puissantes machines étaient là, qui, sur une surface de
55 hectares, donnaient du travail à 2 500 ouvriers. Les bâtiments couvraient 5 600 mètres
carrés ; l'installation industrielle comprenait
4 fours Martin produisant 92 000 tonnes
d'acier, 2 cubilots produisant 10 000 tonnes,
2 laminoirs en produisant 35 000, 2 laminoirs pour roues et bandages produisant
45 000 pièces chacun, 12 pilons, 4 presses à
forger, 14 presses à emboutir. Des mêmes
établissements sortaient tous les ans 240 ten-
ders, 3 000 wagons de grande capacité,
10 000 châssis automobiles, 10 000 emboutis,
12 000 essieux, 10 000 pièces de forge pour
artillerie et constructions navales. Le chef
de cette insdustrie, dans un mémoire adressé
au président Wilson, lui exposait les faits et
citait le rapport de l'Allemand Schrodter, qui,
le 31 janvier 1915, devant l'assemblée des
ingénieurs de Dusseldorf, se félicitait d'avoir

démoli les installations, logé les troupes dans les magasins, transformé les ateliers en écuries. M. Arbel cite les noms des industriels allemands qui, déménageant la grande presse, unique au monde, d'une force de 1 200 tonnes et de 22 mètres de long, narguaient le directeur français resté à son poste et lui disaient : « C'est avec cet engin que vous nous avez enlevé la commande de cent wagons pétroliers roumains ; nous allons l'emporter dans nos usines et c'est nous qui ferons les wagons Arbel à votre place. » La suite du mémoire de notre compatriote mérite d'être citée : « Pendant trois mois, dit-il, un ingénieur allemand a compulsé toutes nos archives, particulièrement les dessins de nos outillages, a mis de côté tout ce qui a pu lui être utile et lui a fait prendre le chemin de l'Allemagne. Le surplus a été odieusement brûlé, détruit, saccagé. De l'énorme effort intellectuel, commercial et financier condensé dans nos archives, il ne reste plus que poussière. Il nous faudra sept à huit ans pour rétablir notre industrie. Pendant ce temps l'Allemand, qui, bien que vaincu, aura maintenu et développé formidablement pendant la guerre ses instruments de travail, qui les aura accrus de tous ceux qu'il nous aura volés, poursuivra son action néfaste dans le monde, en nous volant notre clientèle, comme il nous aura volé nos moyens d'action. »

La Société d'Hénin-Liétard (Pas-de-Calais) réclame 318 machines ; les Forges et Aciéries du Nord, à Trith-Saint-Léger, près de Valenciennes, signalent trois hauts fourneaux de 225 tonnes mis hors d'usage, après enlèvement ou dynamitage de tout l'outillage. Les établissements de Fives-Lille, l'usine de métallurgie de cuivre de la Compagnie française des métaux, à Givet, ont été détruites.

Essayant de traduire en chiffres les dégâts dont nous avons tenté de donner une idée, M. Louis Dubois, déjà en janvier 1919, estimait à 5 milliards de francs la somme nécessaire pour reconstituer l'outillage de sidérurgie et de grosse métallurgie ; à 2 milliards les travaux du fond et la réfection des bâtiments des mines ; à 2 milliards la perte des matières premières et des produits fabriqués ; à 3 milliards la perte d'exploitation pendant six années.

La commission technique de la petite métallurgie, constituée auprès du « Comptoir central d'achats industriels pour les régions envahies », a étudié les 24 industries, telles que fonderies, ferrures et forges, boulonneries, tréfileries, ferronneries, taillanderies, usinages, qui constituent ce groupe. Elle estime les pertes comme suit : matériel 736 millions, approvisionnements 300, pertes d'exploitation 540, bâtiments 230, au total près de 2 milliards, que la hausse récente de toutes choses devrait sans doute encore faire majorer.

Les établissements de constructions mécaniques et électriques représentaient, avant la guerre, dans les régions envahies, un capital d'exploitation de près de 2 milliards. Dans la proportion des neuf dixièmes, il a disparu. Prenons comme exemple la Société française de constructions mécaniques (anciens établissements Cail) de Denain : outillage et approvisionnements ont été pillés et détruits ; les machines-outils enlevées à destination des usines allemandes ; les usines démontées, les pièces de charpente, poutrelles et autres expédiées aux usines allemandes ; la fonderie et l'aciérie Martin ont subi le même sort ;

20 000 mètres carrés de bâtiments ont été
détruits, le magasin de modèles incendié, les
aiguillages dynamités. M. Dubois évalue à
4 milliards les pertes de ce groupe ; à un demi-
milliard celles des usines électriques ; à plus
de 4 milliards celles des industries de produits chimiques et similaires ; à un demi-
milliard celles des glaceries et verreries, parmi
lesquelles la compagnie de Saint-Gobain est
au premier rang.

Les industries textiles représentaient une
des plus grandes sources d'activité et de
richesse de la France ; la valeur de leur exportation annuelle de matières premières et de
produits fabriqués atteignait 2 milliards de
francs, soit près du tiers de nos exportations
totales. Or la majeure partie de ces industries
se trouvait dans les régions envahies, où
travaillent la presque totalité de nos peignages de laine, de nos filatures de lin,
chanvre et jute, la moitié de nos filatures de
laine cardée et de coton. Les tissages de coton
et de lin y comptaient 55 000 métiers. Toute
cette richesse est presque entièrement anéantie. Prenons un exemple. La filature de laine
de MM. Harmel frères, au Val-des-Bois par

Warmeriville (Marne), était célèbre dans le monde entier, aussi bien par la qualité de ses produits que par les institutions patronales qui en avaient fait un modèle de colonie industrielle, sociale et familiale. Toutes les marchandises, plus de 300 000 kilogrammes de laine peignée et de fils de laine, ont été enlevées ; les courroies, objets en cuir, câbles, accessoires de transmission, tous les approvisionnements, huiles, outils, produits chimiques, pompes, tuyaux, canalisations, fils électriques, téléphones, métaux ont disparu. Les machines de filature ont été brisées à coups de marteau, les deux grandes cheminées, les machines à vapeur de l'usine dynamitées ; enfin le 4 octobre 1918 les Allemands évacuèrent la population, mirent le feu aux bâtiments et firent sauter à la mine ceux qui restaient debout.

Les mêmes enlèvements et destructions systématiques ont été constatés dans la région de Fourmies (Nord) par une délégation officielle de la Société du commerce et de l'industrie lainière de cette région. Des 75 usines qui existaient à Avesnes, Avesnelles, Sains-du-Nord, Etrœungt, Felleries, Fourmies, Wignehies, Glageon, Trélon, Anor, Mondrepuis, Hirson, La Capelle, Pois-du-Nord, Solre-le-Château, et qui comportaient 740 000 broches et 3 720 métiers, il en reste 6, qui pourront être remises en marche après d'importantes réparations. Toutes les autres sont incendiées, vidées de leur matériel. Armentières, la métropole de la toile, n'existe plus. A Sedan, dont les manufactures de drap avaient déjà tant souffert de la guerre de 1870, tous les métiers ont été détruits. Quant à l'industrie de la broderie mécanique, qui avait son siège dans la région de Saint-Quentin, elle est anéantie par suite de l'enlèvement ou de la destruction des 7 325 métiers à broder qui s'y trouvaient.

Les industries textiles se rangent en trois grandes catégories, peignage, filature et tissage. Pour les peignages, dès 1919, on évaluait les dommages à 3 milliards ; pour les filatures, à 13 milliards ; pour les tissages, à 6 milliards. Les industries de teinture, blanchiment et apprêts qui se rattachent à celles des tissus, ont perdu un demi-milliard.

L'industrie sucrière comptait, en 1913, 206 fabriques, dont la production s'élevait à

864 000 tonnes. En 1917, nous n'avions plus que 61 fabriques qui nous ont donné 196 000 tonnes, le quart du chiffre d'avant guerre : le dommage, déjà en 1919, était évalué à un milliard de francs. Celui des distilleries et industries agricoles, au même montant. Pour les brasseries, on a établi, toujours à la même date, un chiffre de 600 millions ; pour les huileries, 200 ; pour les tanneries et corroieries, 170 ; pour la meunerie, 400 ; pour les imprimeries, papeteries, cartonneries, 700, au total, pour cette catégorie, plus de 4 milliards.

En dehors des industries que nous avons citées, il en est bien d'autres qui ont également souffert et dont le bilan n'a pu être établi. En nous bornant à celles que nous avons énumérées et en additionnant les évaluations certainement très inférieures à celles qui devraient être faites d'après les cours actuels, nous arrivons au total formidable de 54 milliards pour les dommages causés à l'industrie proprement dite.

IV

ENTREPRISES ET MOYENS
DE TRANSPORT ET DE COMMUNICATION

Les dommages subis par les moyens de transport sont particulièrement graves, parce que, en dehors de la perte directe qu'ils représentent, ils entraînent, par voie de conséquence, de profondes perturbations économiques. Si les premières réparations nécessaires à la conservation des immeubles non entièrement détruits se sont si fâcheusement fait attendre, si les habitants ne peuvent se réinstaller, c'est avant tout à la destruction des voies de communication qu'il faut l'attribuer. Ici les dommages indirects, parfaitement tangibles, l'emportent sur les dommages directs. Ceux-ci, à eux seuls, sont déjà énormes, 5 600 kilomètres de voies, dont 3 300 sur le réseau du Nord et 2 200 sur celui de l'Est, 500 ponts et aqueducs, 12 tunnels, 500 bâtiments, 150 réservoirs d'alimentation, 3 180 kilomètres de lignes télégraphiques et téléphoniques, des ouvrages métalliques re-présentant 20 000 tonnes, ont été détruits ou mis hors de service, 50 000 voitures, wagons ou locomotives sont tombés aux mains de l'ennemi. Les dommages ont été évalués à plus de 7 milliards.

Quelle qu'ait été l'étendue du désastre, il est consolant de constater avec quelle énergie nous avons travaillé au relèvement des ruines. Un an après l'armistice, sur le réseau du Nord, le nombre des kilomètres non exploités était réduit à 12 pour la voie unique et à 15 pour la voie double; 321 ponts sur 620 étaient rétablis; quatre grands tunnels réparés et le cinquième déblayé. L'Est, à la même date, avait refait 853 kilomètres sur 930 et 64 ponts sur 214.

Les voies d'eau n'ont pas moins souffert. Elles jouaient un rôle considérable dans cette région, où la navigation a été, pour long-temps, rendue impossible. Au lendemain de l'armistice, on évaluait les dégâts à un demi-milliard. Les dommages aux ports maritimes étaient comptés à 82 millions, aux routes et ponts à 1 218 millions, aux postes, télégraphes et téléphones à 300 millions.

V

COMMERCE ET PROFESSIONS DIVERSES; RÉSUMÉ

Les commerçants des régions envahies ont, comme les industriels, subi des pertes énormes. Les fonds de commerce, c'est-à-dire une richesse acquise par le travail de plusieurs générations, sont, dans beaucoup de cas, anéantis. Leur installation et leur mobilier commercial ont été en grande partie détruits, leurs marchandises réquisitionnées, pillées ou brûlées. Les éléments manquent pour chiffrer ces dommages, aussi bien que ceux subis par les offices publics et ministériels et autres professions. Quant aux valeurs mobilières qui représentaient plusieurs milliards, elles ont été restituées par les Allemands au moment de l'armistice. Au total, les dommages ne sont pas inférieurs à 126 milliards. On a estimé à 74 milliards le montant capitalisé des pensions à servir aux victimes de la guerre. On arrive donc à un total de 200 milliards comme montant des dommages pour lesquels réparation est due par l'Allemagne à la France, aux termes de l'article 232 et de l'annexe I de la partie VIII du traité de Versailles. Nous sommes loin du chiffre auquel il semble être question de limiter les obligations de l'Allemagne, par le jeu d'un forfait que les Alliés n'auraient de raison de lui accorder que s'il n'était pas démesurément inférieur à ce qui leur est dû et si des garanties supplémentaires leur étaient remises.

Nous allons maintenant jeter un coup d'œil sur ceux des pays alliés qui ont subi l'invasion comme nous et donner quelques précisions sur les dommages soufferts par eux. Ils ont droit, eux aussi, à des réparations, à leur part des restitutions et des paiements à exiger de l'Allemagne.

VI

BELGIQUE

En Belgique, les attentats contre les personnes ont eu un caractère particulièrement grave et odieux. Le cadre que nous nous sommes tracé nous interdit de nous étendre sur cette catégorie de crimes.

Nous empruntons seulement aux documents officiels que nous avons sous les yeux quelques chiffres relatifs aux dégâts matériels. Dans la province de Brabant, 5 833 maisons ont été incendiées, 15 024 pillées ; dans la province de Liége, 3 444 détruites ; dans celle d'Anvers, 3 553 ; dans celle de Namur, 5 243. Auprès du tableau des ruines se trouve celui des victimes : pour la seule ville de Dinant. une liste nominative de plus de 600 habitants massacrés a pu être dressée. Il faudrait le compléter par celui des territoires où la lutte s'est poursuivie pendant quatre ans, des villes martyres telles qu'Ypres, des pays inondés de l'Yser, des villes de la côte, Ostende, Middelkerke, Lombardzyde et autres, dont les décombres rappellent l'aspect de Messine au lendemain du tremblement de terre ! Et il y faudrait joindre les effets de la politique de spoliation organisée par les autorités allemandes et qui se résume dans cette phrase du Grand Quartier Général allemand du 27 août 1914 : « La Belgique, placée sous l'administration allemande, devra fournir aux besoins militaires de toute nature, afin de soulager les territoires allemands. » C'est ainsi que les provinces belges se sont vu imposer une contribution de 40 millions de francs par mois, et que communes et citoyens belges ont été soumis à d'énormes réquisitions, frappés d'impositions et amendes de toute nature.

C'est en montrant tout à l'heure l'effort financier que la Belgique a dû faire pour se remettre en équilibre que nous mesurerons l'étendue des pertes qu'elle a subies. Nous ne pouvions pas ne pas inscrire parmi les glorieuses victimes de la guerre celle qui a donné le plus bel exemple d'énergie, de constance, de fidélité au devoir et à l'honneur. Pour elle comme pour la France, M. Keynes n'a pas craint de lancer en avant des chiffres absolument fantaisistes. C'est ainsi qu'il évalue la fortune immobilière du pays avant la guerre à 12 milliards de francs, tandis que le montant établi par M. Clavier, directeur général du ministère des Finances, est de 40 milliards. Dans son estimation des dommages belges, l'auteur anglais n'est pas seulement resté à une distance excessive de la vérité mais il n'a pas tenu compte des dommages causés à la fortune mobilière, des réparations dues aux déportés malades et devenus incapables de tout travail, aux familles des milliers de civils massacrés, des indemnités dues aux mutilés, des pensions à servir à ceux dont les morts étaient le soutien. Dans toutes ces catégories, la Belgique est sur le même pied que la France et les autres Alliés. Sa créance est aussi certaine et aussi sacrée.

VII

ROUMANIE

Les souffrances endurées par la Roumanie sont comparables à celles de la Belgique : comme cette dernière, elle a vu la majeure partie de son territoire aux mains des Allemands ; toutefois l'occupation n'a duré que deux ans, de novembre 1916 à novembre 1918. Mais pendant ce temps les envahisseurs ont semblé prendre à tâche, avec une rage froide, de dévorer la substance même du pays, en confisquant à leur profit tout ce qu'ils y avaient trouvé et en s'efforçant d'exploiter, ou de faire exploiter par des tiers, pour leur compte, toutes les richesses d'un sol particulièrement fécond. Ils ont ainsi plongé le pays dans la plus profonde misère. Les réquisitions arbitraires étaient aggravées par un ingénieux système de spéculation. Ainsi on réquisitionnait dans un village le bétail en l'évaluant à 300 francs par tête, pour le revendre dans un autre à 600 francs. Les chaudrons en cuivre réquisitionnés étaient évalués à 15 francs ; on les remplaçait par d'autres en fer blanc que l'on vendait 50 francs aux malheureux indigènes. Le commandement allemand vendait aux enchères des machines ; quelques jours après, il en réquisitionnait les accessoires en cuivre, ce qui les rendait inutilisables.

Le ravitaillement de la population était d'ailleurs impossible, à cause des innombrables prohibitions édictées par l'armée : prohibition de l'expédition des vivres d'une localité à l'autre ; interdiction de faire franchir à la barrière de la ville les articles d'alimentation ; impossibilité absolue d'user du transport par voie ferrée. Nous empruntons ces détails à l'étude qu'a publiée M. Creanga, ancien secrétaire général du ministère roumain du Commerce et de l'Industrie. Il nous montre comment la majeure partie des ressources du pays était consacrée à l'entretien de l'armée d'occupation. Un soldat allemand coûtait 30 lei par jour (le lei qui, en temps ordinaire, vaut le franc, est actuellement coté aux environs de 30 centimes), ce qui imposait à la Roumanie une dépense de 700 millions par an, chiffre supérieur à celui du budget total d'avant-guerre.

La Roumanie fut mise au pillage, non seulement par les armées d'invasion, mais encore par les innombrables individus, fonctionnaires, commerçants, spéculateurs, qui suivaient les troupes. Des milliers de wagons d'aliments, provenant des récoltes de 1915 et de 1916, ont été trouvés dans les magasins, d'où on n'avait pas eu le temps de les exporter. La zone dite de l'État-major fut scientifiquement organisée. Un inventaire complet fut dressé de toutes les ressources du pays en aliments, fourrages, bétail, volaille, vêtements, linge, outils, machines. Sous des peines draconiennes, il fut interdit aux habitants d'aliéner la moindre parcelle de ce qu'ils possédaient, sans la permission de l'autorité militaire. Les wagons chargés des objets réquisitionnés furent dirigés vers les pays allemands, austro-hongrois, turcs et bulgares, les premiers se réservant toujours la part du lion. Ce fut surtout après la signature de la paix de Bucarest que le pays fut mis en coupe réglée.

De graves atteintes ont été portées au droit de propriété. Les terres ont été placées sous administration allemande : celle-ci prélevait 10 pour 100 des revenus, dont le propriétaire ne touchait rien. Les comptes étaient tenus de façon à faire toujours apparaître un déficit. On rachetait par exemple, au débit du propriétaire, à des prix très élevés, ses propres instruments, préalablement confisqués et vendus à des cours dérisoires. Les registres étaient d'ailleurs présentés d'une façon impeccable, de façon à mettre les spoliateurs à l'abri de toute réclamation.

Le résultat de l'exploitation de la Roumanie par les puissances centrales a été consigné dans un rapport de l'administration militaire allemande, rempli d'aveux précieux à enregistrer. Pour ne citer qu'un exemple, celui de l'industrie du pétrole, elle fut assujettie à la surveillance de deux organisations : le commandement des terrains pétrolifères et la section des huiles minérales. Les conduites étaient sous la dépendance d'un office qui avait pour fonction spéciale le démontage de la ligne Buzau-Constantza et le montage de deux conduites qui devaient relier les champs producteurs au port Giurgiu sur le Danube, de façon à approvisionner les armées allemandes. L'Allemagne voulait s'assurer la possession exclusive du pétrole roumain : pour y arriver, elle a essayé d'accaparer tous les terrains, d'exclure de cette industrie les capitaux non allemands, de constituer à son profit exclusif le monopole de la fabrication, du transport et du commerce du précieux liquide.

Ces quelques données suffisent pour montrer dans quel état était le royaume lorsque la victoire des Alliés vint le délivrer d'une tyrannie qui, si elle s'était prolongée, menaçait de le conduire à la ruine définitive.

VIII

ITALIE

Le gouvernement italien n'a pas encore établi de compte général des dommages subis par ses territoires envahis et occupés, au cours des hostilités, par les Austro-Allemands. Une commission d'enquête, instituée par décret royal du 15 novembre 1918, a fait un premier rapport sur les violations du droit des gens et des lois de la guerre et sur le traitement infligé aux prisonniers de guerre. Un chapitre est consacré aux réquisitions et aux dommages causés à la propriété mobilière. Il en résulte que la quasi-totalité de la richesse mobilière des provinces envahies, Bellune, Udine et une partie de celles de Venise, de Trévise et de Vicence, a été anéantie ou enlevée par l'ennemi, en même temps que la fortune immobilière était en partie, ou détruite ou mise hors d'état, pour une longue période, de fournir des revenus. Ceux qui ont pu être perçus pendant l'occupation ont été confisqués par l'envahisseur, qui a saccagé le sol et les bâtiments, de façon à les rendre improductifs pour une période indéfinie.

Le rapport établit la complicité des troupes allemandes dans tous les crimes commis. Leur participation fut particulièrement active dans les premiers temps de l'invasion, en novembre et décembre 1917, alors que des pillages odieux se poursuivirent dans les centres urbains et industriels d'Udine, de Bellune, de Vittorio, de Conegliano, d'Agordo et autres. Par l'ordre du 3 novembre 1917, le général allemand von Below s'attribuait le droit de disposer en totalité des vivres, des établissements économiques et des immeubles.

D'ailleurs, observe le rapporteur italien, les ordonnances et autres actes officiels ne suffisent pas à donner l'idée des spoliations dont les provinces envahies furent les victimes. La réalité des faits est autrement douloureuse que ne pourrait le faire penser la lecture des affiches et notifications. Celles-ci conservent la façade d'une bureaucratie hypocrite qui cache ses desseins pervers sous

des euphémismes et des réticences caute-
leuses. La plupart des publications ne furent
faites que plusieurs semaines après l'invasion : pendant cette première période ce fut,
nous traduisons littéralement, « un véritable
sac (*saccheggio*) sans frein ni loi, des dépré-
ciations continuelles, au moyen d'abus, de
vols, de rapines, d'extorsions individuelles. »
Néanmoins, ajoute le rapport, les actes officiels présentent un intérêt capital, en ce sens
que la teneur en indique le propos délibéré
de l'ennemi de procéder à une spoliation
méthodique et complète. Ils constituent la
preuve indéniable qu'il a violé les lois de la
guerre. Quand les mêmes actes renferment
des dispositions qui auraient dû mettre un
frein aux enlèvements ou aux destructions,
et qu'il résulte d'autres témoignages que les
limites énoncées n'ont pas été observées, ce
sont ces proclamations elles-mêmes qui se
dressent contre l'agresseur, en démontrant
l'étendue de sa faute et en prouvant qu'il
n'a ni voulu ni pu respecter les bornes posées
par lui.

Les envahisseurs ont opéré la confisca-
tion la plus méthodique, la plus complète et

la plus injustifiée de ce qui appartenait aux habitants qui avaient quitté leurs demeures. Sur 1 151 000, il en était parti plus de 208 000, dont l'avoir représentait beaucoup plus du cinquième de la fortune des provinces en question, parce que c'étaient surtout les gens aisés qui s'étaient retirés. Une fois de plus nous traduisons littéralement le rapport italien : « Cette spoliation sous forme d'un pillage intégral semblerait invraisemblable, si elle n'était conforme à une mentalité dont les exemples abondent, si elle n'était attestée par une foule de témoignages concordants, et si on n'en retrouvait la preuve indéniable dans les documents officiels. » Les dépositions relatives à ce qui s'est passé dans 312 communes envahies sont unanimes. Les citoyens qui avaient quitté leurs demeures étaient invités à y rentrer dans les cinq jours, sous peine de voir considérer leurs biens comme vacants, *res nullius* (*Herrenlosen sachen*). Les Allemands se montraient particulièrement avides de recueillir leur part de butin : ils la voulaient aussi forte que possible, et se hâtaient de la saisir avant d'être appelés sur un autre front. A côté du pillage officiel, les larcins individuels étaient incessants et dépouillaient la population de la part misérable que les chefs militaires étaient censés lui laisser. Les soldats entraient partout et se faisaient remettre tous les objets de valeur ; dans les rues, ils arrêtaient les passants et les dépouillaient de leurs montres, de leurs portefeuilles ; ils arrachaient la nourriture aux familles, à l'heure des repas. Les officiers logés dans les maisons particulières les dévalisaient et faisaient expédier le mobilier dans leur pays. En mainte localité, les tombes furent violées et profanées.

Le butin individuel était non seulement toléré, mais encouragé par les autorités militaires, qui permettaient l'expédition, par les officiers et soldats, de vivres, de marchandises, de vêtements, de mobiliers, d'objets d'art, et prenaient même soin d'indiquer le nombre de kilogrammes que pouvait comporter chaque envoi.

L'enquête à laquelle nous empruntons ces témoignages irrécusables nous fournit une évaluation des dépenses faites par le gouvernement italien d'abord pour essayer de protéger certains de ses trésors artistiques contre les bombardements ennemis, et ensuite pour restaurer les bâtiments endommagés : la Commission indique à ce chapitre un chiffre provisoire de 79 millions de lire. Pour les villes qui ont été bombardées par avions, les dommages sont estimés à 105 millions.

Le rapport énumère 220 vapeurs et 392 voiliers détruits par torpillages, mines ou bombes. Les vapeurs jaugeaient 679 000 tonnes ; les voiliers 104 000. La valeur d'avant guerre de cette flotte était de 195 millions. Il en coûterait 1 332 pour la reconstruire aujourd'hui. Le charbon, les approvisionnements, les vivres, les effets personnels des équipages ont été évalués à 50 millions ; les cargaisons à 180 millions, les dommages infligés à l'industrie de la pêche à 70 millions de lire.

Il a été également fait état des dommages consécutifs à l'exode de la population des régions les plus exposées au bombardement. A cet effet on a calculé la proportion des habitants de chaque province qui ont fui devant l'invasion, et on a estimé les frais à 3 lire par jour. Prenant ainsi la moitié de la population de Venise, le dixième de celle de Forli, de Ravenne, des Marches, des Abruzzes, des

Pouilles, le centième de l'Émilie, de la Lombardie, de Naples, on est arrivé à 1 752 millions de lire.

Voilà quelques-uns des éléments qui serviront à établir le dommage total subi par l'Italie du chef de la guerre. Quoique la proportion de son territoire envahi ait été bien moindre qu'en France, en Belgique et en Serbie, et que la durée de l'occupation ait été beaucoup moins longue, elle n'en a pas moins souffert cruellement. Des travaux ultérieurs fourniront les éléments nécessaires pour dresser, là comme ai leurs, le bilan complet du désastre.

IX

SERBIE

De tous les pays alliés, la Serbie est celui qui a été le plus longtemps en guerre, depuis le 25 juillet 1914 jusqu'à l'armistice. Et encore convient-il de rappeler que ce n'est qu'au mois de décembre 1913 qu'avait été démobilisée l'armée qui avait fait la seconde campagne balkanique. Elle avait eu six mois pour se reposer. Les pertes de la Serbie en hommes ont été, proportionnellement à sa population, les plus élevées de toutes, 400 000 soldats, 845 000 civils, dont 311 000 mâles au-dessus de quinze ans. Il faut ajouter à cette hécatombe 264 000 invalides militaires et civils. On a cherché à exprimer les dommages causés aux personnes par le chiffre des pensions aux invalides et aux membres des familles restées sans soutien. Une autre méthode consiste à prendre comme base la valeur d'un homme, en pleine force, en plein rapport. En ne la fixant qu'à 20 000 francs, pour les 850 000 Serbes adultes qui existaient avant la guerre, on obtient un capital de 17 milliards. Plus de 62 pour 100 ont péri, ce qui équivaut à 10 milliards et demi de francs. D'autre part la Serbie s'est endettée de 3 milliards de francs à l'étranger. Sans la guerre, sa population, qui était, en 1913, de 4 500 000, serait aujourd'hui de 5 200 000 âmes. Elle est réduite à 3 300 000. Son agriculture manque de semences, de bétail et d'outillage. Elle se ressent cruellement des pertes humaines occasionnées par les mauvais traitements infligés aux prisonniers, internés civils et déportés. Les Serbes prisonniers en Autriche-Hongrie, en Allemagne, en Bulgarie ont été au nombre de 300 000, les internés et déportés, de 182 000. La moitié a succombé.

Si des personnes nous passons aux biens, nous trouvons, dans le mémoire soumis par la délégation serbe à la Commission des réparations, les données suivantes. L'agriculture, par suite des dommages causés par l'ennemi aux emblavures, aux vergers, aux vignobles, aux forêts, aux parcs, aux haies, enregistre une perte d'un milliard. Parmi les moyens de communication, les chemins de fer ont subi des dégâts tels qu'on pourrait presque dire que la Serbie n'a pas à réparer ses lignes, mais à refaire son réseau. Les dommages matériels des chemins de fer de l'État s'élèvent à 378 millions; ceux des chemins de fer départementaux et privés à 17 millions; ceux des routes et ports à 719 millions. Mais les dommages indirects sont infiniment supérieurs; la restauration économique est retardée pour une période indéterminée. Les difficultés de transport amènent la disette, aggravent la cherté de la vie, sont la cause d'un grand nombre de décès provoqués par le manque de vivres. Au chapitre des postes, télégraphes, téléphones, le chiffre est de 47 millions ; à celui de la navigation, flotte marchande fluviale, de 40 millions.

Les dommages causés aux mines se rangent sous quatre rubriques : les installations, les minerais et le charbon extraits par l'ennemi, les redevances non perçues par le gouvernement serbe, les pertes des caisses de secours mutuels des ouvriers mineurs. Les envahisseurs ont poussé l'exploitation des mines à outrance, sans tenir aucun compte des nécessités de l'entretien, et ont, de ce chef, porté une atteinte sérieuse à la valeur des domaines : la valeur de cette extraction s'est approchée de 200 millions de francs.

A la veille de la guerre, la Serbie possédait 544 entreprises industrielles privées, dont le capital était de 134 millions de francs. Il en coûterait 434 millions pour les rétablir aujourd'hui. Les industries d'État, arsenal, poudrerie, imprimerie, usine à briquettes, installations pour l'imprégnation des traverses de chemins de fer, manufactures des monopoles (tabac, allumettes, papier timbré) ont souffert des pertes d'ensemble 108 millions, les canalisations et aqueducs, de 180 millions.

Si des immeubles nous passons aux meubles, nous voyons que la valeur du mobilier et des ustensiles détruits s'élève à 632 millions de francs, la moyenne par maison variant entre un maximum de 13 500 francs à Belgrade et un minimum de 400 francs en nouvelle Serbie. Le mobilier et le matériel des établissements de crédit représente 40 millions ; les ustensiles 86 millions ; le mobilier agricole 120 millions ; les coopératives agricoles 15 millions ; le mobilier et le matériel des immeubles du domaine public 463 millions ; les animaux, bœufs, buffles, chevaux, ânes, mulets, porcs, moutons, chèvres, abeilles, vers à soie ; les outillages et installations de poste 2 652 millions ; les produits agricoles servant à l'alimentation humaine et les fourrages 1 650 millions.

Au chapitre du commerce, les Serbes déclarent que la valeur des marchandises privées enlevées, consommées, pillées, détruites est de 300 millions aux prix d'avant-guerre, 900 millions aux prix actuels ; ils estiment celles que contenaient les autres magasins de l'État et des municipalités à 120 millions ; celles qui étaient en entrepôt pour compte de monopoles à 170 millions ; l'outillage des arts et métiers à 154 millions ; les musées, les bibliothèques et leur contenu à 575 millions. Les dommages causés par les réquisitions sont évalués à 550 millions. D'autres, qui n'ont pas pu être estimés, ont été provoqués par l'exécution des débiteurs et la vente à vil prix de leurs biens, au profit de créanciers ennemis qui se portaient acquéreurs.

Les établissements financiers ont vu, pour la plupart, leurs coffres-forts fracturés et toutes les valeurs, numéraire, actions, effets de commerce, lettres de change, titres, emportés. On estime le dommage à 30 millions pour les banques de dépôt, 10 pour les particuliers, 35 pour le Crédit foncier (*Ouprava Fondova*). La coopérative des affaires a perdu 4 millions, la loterie d'État 5 millions.

Les gains supprimés sont estimés à 180 millions pour les artisans, 50 pour les industriels, 5 pour les entreprises de navigation, 120 pour la pêche, 360 pour l'agriculture, 10 pour le commerce, 60 pour les banques, 6 pour les tramways et l'éclairage de Belgrade, 33 pour les Compagnies d'assurance, 45 pour les professions libérales, 24 pour les ouvriers et journaliers, 18 pour les étudiants sous les drapeaux, 60 pour les loyers non perçus. Les appointements du personnel des banques et des entreprises industrielles et commerciales représentent 114 millions pour cinq ans.

Les exactions d'ordre financier ont été multiples. Les ennemis ont tout d'abord imposé leur système monétaire comme moyen légal de paiement ; ils ont, de ce chef, inondé le pays de 800 millions de billets libellés en couronnes austro-hongroises ou en lew bulgares, qu'ils obligeaient les habitants à recevoir au pair. Inversement ils ont décrété que le billet serbe perdait la moitié de sa valeur nominale et ne l'ont accepté que pour ce chiffre. Le préjudice causé de ce chef n'est pas inférieur à 100 millions de dinars. D'autre part ils ont confisqué 30 millions de dinars de pièces d'argent. Dans les bureaux de poste, des chemins de fer, dans les tribunaux, dans les dépôts constitués dans les banques de pays ennemis pour le paiement des coupons de rentes serbes, ils se sont approprié des sommes s'élevant à 41 millions. Ils ont enlevé une partie de la fortune privée ; ils ont perçu les taxes et revenus de la ville de Belgrade et de communes pour une somme de 32 millions.

Les pensions de retraite à servir aux invalides, aux victimes militaires, aux mutilés, blessés, malades, réformés, sont évaluées à 68 millions, les pensions aux victimes civiles de la guerre à 85 millions, les allocations et pensions aux personnes restées sans soutien à 228 millions, au total 381 millions, qui seraient doublés si, au lieu des taux minimum, on adoptait les taux maximum.

Récapitulons les divers articles du bilan funèbre dressé par les Serbes ; leurs réclamations se résument comme suit :

I. Immeubles (terrains, bâtiments, communications, mines, industrie) : 3 493 millions.— II. Meubles (mobilier, matériel agricole, cheptel, vivres, commerce) : 6 940 millions. — III. Intérêts divers (réquisitions, crédits, numéraire, gains perdus) : 1 845 millions. — IV. Exactions d'ordre financier : 1 073 millions. — V. Dommages causés à l'État : 4 407 millions. — Total : 17 758 millions.

Un calcul établi sur des bases identiques pour le Montenegro conclut à un ensemble de dommages de près de 723 millions de francs.

Les réclamations des délégués du Royaume des Serbes, Croates et Slovènes ne sont pas établies sur les mêmes bases que ceux de la France. Des études, comme celle de M. Louis Dubois, sans omettre de signaler l'importance des dommages indirects, en ont séparé l'évaluation de celle des dommages directs D'un autre côté, le coefficient au moyen duquel les Serbes ont relevé les valeurs d'avant-guerre et qui a généralement été de 3, peut être considéré comme faible : de ce chef, l'écart entre les résultats auxquels ils sont arrivés et ceux qu'aurait donnés l'application de la méthode française, serait diminué.

Nous ne voulons pas allonger cette liste monotone des désastres causés, nous ne saurions trop le répéter, par des méthodes de guerre absolument contraires au droit des gens. Nous aurions dû cependant parler de pays tels que la Pologne, l'Arménie, qui n'ont pas moins souffert : mais nous en avons assez dit pour que la réalité éclate, aux yeux du monde trop vite oublieux. La sèche énumération des milliards engloutis a quelque chose d'impressionnant dans sa cruelle monotonie : il fallait dresser l'inventaire des ruines, et ce ne fut pas aisé, puisqu'en mainte circonstance les ruines elles-mêmes, selon le mot célèbre du poète latin, ont disparu, *etiam periere ruinæ*.

X

CONSÉQUENCES FINANCIÈRES DES DÉVASTATIONS

Toute guerre entraîne des dépenses, et celle de 1914-1918 en a imposé de formidables aux peuples qui y ont participé. Ce qu'on ne saurait trop rappeler, c'est que la méthode allemande les a majorées dans une proportion inconnue jusque-là. Jamais encore on n'avait vu les armées d'un belligérant procéder systématiquement à la ruine complète des régions qu'elles envahissaient. Toujours la guerre a été une cause d'endettement pour un pays : la majeure partie des emprunts publics ont été contractés pour des motifs militaires. Mais, cette fois-ci, les frais de reconstitution des pays envahis représentent, à eux seuls, un capital égal, sinon supérieur, à celui qui correspond aux frais de guerre proprement dits. Et c'est ici qu'apparaît la mansuétude du traité de Versailles, qui n'a mis à la charge des auteurs des dommages que le coût de la réparation, sans exiger d'eux, ce qui n'eût été que justice, le remboursement des dépenses de guerre. En examinant sommairement les budgets des pays alliés, tels qu'ils se présentent en 1920, nous aurons une idée du fardeau que supportent les peuples vainqueurs, mais écrasés d'impôts.

La France avait, en 1913, un budget qui oscillait entre 5 et 6 milliards de francs. Celui de 1920 s'élevait, d'après le premier projet présenté par le ministère Clemenceau, à 48 milliards qui se divisaient comme suit : Le budget ordinaire atteignait près de 18 milliards, dans lesquels le service de la dette figurait pour plus de moitié ; le budget extraordinaire, comprenant pour la majeure partie les indemnités de démobilisation et des allocations, 7 milliards et demi de francs.

Un troisième budget de 22 milliards, portant le total à 48 milliards, comprenait les dépenses recouvrables sur les versements à recevoir en exécution des traités de paix : c'est là qu'étaient inscrites les pensions de la guerre et de la marine et les indemnités dues aux sinistrés.

Si le traité de Versailles avait imposé à l'Allemagne le versement immédiat du montant des réparations dues par elle, c'est à la somme de 25 milliards, représentant l'addition du budget ordinaire et du budget extraordinaire, qu'eût été limité l'effort financier de la France pour l'année 1920. Cela signifiait déjà le quintuple de ce qu'il était avant la guerre, avec cette circonstance singulièrement aggravante que les régions libérées, qui jadis apportaient une contribution très élevée aux recettes du Trésor, auront besoin de longues années avant de retrouver leur force économique et de verser au budget les sommes qu'elles lui fournissaient autrefois. Mais la tâche qui nous incombe est bien autrement lourde. Par suite des lenteurs apportées au règlement financier avec l'Allemagne, celle-ci est très loin d'avoir, à l'heure qu'il est, versé ce qu'elle doit aux Alliés. Nous sommes donc obligés de faire aux régions envahies l'avance d'une partie de ce qui leur revient : l'œuvre de réparation, de reconstruction ne saurait être différée. Voilà donc 22 milliards dont notre Trésorerie, sinon notre budget, a besoin, et dont nous avons à faire, sinon le débours définitif, du moins l'avance. Et, par un paradoxe étrange, c'est pour le compte de nos ennemis que nous avons été amenés à remplir ce rôle. Nous sommes en ce moment le banquier de l'Allemagne, débitrice retardataire de nos sinistrés. Chaque milliard qui leur est distribué sort des caisses françaises, qui l'inscrivent au passif de qui de droit, mais qui n'en sont pas moins contraintes de se procurer les ressources nécessaires. Or il est bien évident que ce n'est qu'à l'emprunt qu'elles peuvent le demander. Le Parlement a fait une œuvre considérable en votant des impôts nouveaux pour une somme égale à ceux qui étaient en vigueur : il arrivera ainsi à mettre en équilibre le budget ordinaire ; et ce sera un résultat singulièrement appréciable. Mais déjà pour le budget extraordinaire des opérations de crédit seront nécessaires. Est-il juste que nous ouvrions également notre Grand livre pour les sommes à payer par l'Allemagne, et ne conviendrait-il pas de hâter le versement de ce qu'elle doit? Nous faisons en ce moment un effort fiscal égal, sinon supérieur, à celui d'aucun de nos Alliés ; supérieur à celui de l'Allemagne, ce qui est contraire au traité de Versailles, puisqu'il y est formellement stipulé que nos ennemis sont tenus de payer au moins autant d'impôts que la nation alliée le plus grevée.

Les effets de la guerre sur les finances belges sont mis en lumière par les chiffres suivants. Le budget de 1914 s'élevait à 800 millions de francs ; celui de 1919 à 6 milliards. A ce dernier chiffre s'ajoutaient 4 milliards de dépenses arriérées, dont la charge s'était accumulée pendant la guerre sans pouvoir être acquittée. Le capital de la Dette publique, qui n'atteignait pas 5 milliards, en 1914, est aujourd'hui de 20 milliards. De cette augmentation, deux tiers proviennent directement des exactions allemandes, à savoir 2 300 millions de bons interprovinciaux créés pour acquitter les contributions de guerre, 5 800 millions avancés par la Banque nationale et 2 milliards obtenus par l'émission de l'Emprunt dit de Restauration monétaire : ces deux dernières ressources ont servi à retirer les billets allemands, libellés en marks, que l'envahisseur avait imposés aux populations au cours de 1 franc 25, alors que la valeur actuelle du mark est de 30 centimes. Cinq milliards représentent les dettes contractées par la Belgique pour équilibrer son budget : elles comprennent l'Emprunt d'un milliard et demi de la Restauration nationale, des bons du Trésor pour un demi-milliard, une émission à l'étranger pour une somme égale ; des avances des Alliés, depuis l'armistice jusqu'au 12 juin 1919, pour un milliard et quart.

Rappelons que l'Allemagne s'est engagée, en sus des compensations de dommages, à effectuer le remboursement de toutes les sommes que la Belgique a empruntées aux gouvernements alliés et associés jusqu'au 11 novembre 1918, y compris l'intérêt à 5 pour 100 l'an. Deux milliards et demi de francs doivent être versés de ce chef avant le 1ᵉʳ mai 1921. La Belgique a reçu ainsi un traitement de faveur. Elle n'en a pas moins à accomplir un effort financier dont nous avons indiqué l'importance. La fécondité de son sol, l'énergie de ses habitants l'aideront à triompher de ces difficultés. Elle est celui des pays alliés dont le relèvement sera le plus rapide. Elle compte que son budget régulier n'atteindra pas dans l'avenir beaucoup plus du double de ce qu'il était avant la guerre.

Les finances roumaines ont été saccagées par les Allemands, comme l'a été le pays lui-même. En dehors du budget de l'État, dans lequel ils ont fait apparaître un déficit d'environ 300 millions de lei pour la période d'occupation, ils avaient créé un budget, d'état-major économique (*wirtschaftsstab*), qui se soldait pour 1917-18 par un déficit de 51 millions et pour 1918-19 par un déficit de 400 millions de lei. Le premier a été couvert par un prélèvement sur la contribution de guerre de 250 millions de lei ; le second devait l'être par un emprunt forcé de 400 millions. Les Allemands avaient d'ailleurs institué des taxes de toute espèce sur les chiens,

sur les cheminées, sur la viande, une contribution personnelle de 10 lei par tête d'habi-
tant, un impôt spécial sur la terre, des droits
de patente s'élevant dans certains districts
jusqu'à un million, une taxe sur la circulation. Ils les ont perçues à leur profit exclusif, si bien que le déficit roumain n'a fait que
grossir au cours de la guerre. La Dette publique, une fois que les emprunts nécessaires
auront été émis, sera bientôt hors de proportion avec ce qu'elle était en 1913, époque
à laquelle elle ne dépassait pas 1 700 millions.

Un lourd fardeau légué au pays par la per-
fidie germanique est celui de la circulation
fiduciaire, que les Allemands ont fait lancer
par la Banque générale roumaine à Bucarest
et qui a atteint 2 283 millions de lei ; cette circulation venait s'ajouter à celle de la Banque
nationale, dont elle violait d'ailleurs le privilège d'émission. Elle a été accaparée par l'ennemi, qui s'en servait pour ses besoins ; il
l'employait au paiement de la solde de ses
troupes, en invitant celles-ci à renvoyer en
Allemagne tous les billets de la Reichsbank
(Banque impériale de Berlin) qu'elles déte-

naient. Il semblait prendre un plaisir pervers (*schadenfreude*) à détériorer, dans la plus large mesure possible, l'instrument monétaire du pays occupé, de façon à rendre plus difficile encore le retour à la santé économique.

L'Angleterre est, de tous les pays alliés, celui dont le budget ordinaire a subi, au cours de la guerre, la plus forte augmentation, puisqu'il est aujourd'hui sextuple de ce qu'il était en 1914 ; il s'élève, en effet, à 1 418 millions de livres contre 200 il y a six ans. Mais il comprend la totalité des charges, la Grande-Bretagne s'étant toujours refusée à faire une distinction entre les dépenses ordinaires et les dépenses extraordinaires. Toutes rentrent dans le cadre d'un compte annuel, qui est, selon l'expression consacrée, un budget de gestion et non pas de compétence. Si cette progression semble plus rapide que chez aucun autre des Alliés, nous devons faire remarquer que celle des dépenses est en réalité moins forte : en effet, le total de 1 418 millions de livres comprend seulement 1 184 millions de crédits ouverts. Il reste un solde de 254 millions, soit plus de 6 milliards de francs (au change fixe de 25 francs par livre sterling), disponible pour l'amortissement. Il n'est demandé aux ressources normales que 1 100 millions de livres, soit 27 milliards de francs, somme proportionnellement inférieure, en tenant compte du chiffre de la population, aux 20 milliards que la France va demander à ses contribuables. Celle-ci, en effet, compte 38 millions d'habitants, la Grande-Bretagne 55.

Les finances italiennes ont ressenti les effets de la guerre comme celles des autres Alliés. Les hommes d'État de Rome avaient eu la sagesse d'établir de nouveaux impôts et de contracter des emprunts avant même que leur pays fût venu se ranger à nos côtés. Aussi ont-ils pu contenir la circulation fiduciaire des instituts d'émission (Banque d'Italie, de Naples et de Sicile) dans la limite, qui n'est pas excessive si on la compare avec celle d'autres nations, de 13 milliards de lire. Les dépenses ordinaires et extraordinaires du dernier exercice (1er juillet 1918 au 30 juin 1920) se sont élevées à 33 milliards de lire.

La Yougo-slavie n'a pas encore pu établir de budget. Chez tous les Alliés, nous trouvons une situation financière des plus sérieuses, qui impose aux peuples des sacrifices dépassant tout ce qu'on aurait cru possible il y a quelques années. Elle a eu notamment pour conséquence une inflation fiduciaire, qui amène des perturbations dangereuses dans l'économie interne des nations et dans leurs rapports internationaux, qui s'expriment par les cours des changes. Il n'est pas jusqu'aux États-Unis d'Amérique, dont la puissance est cependant énorme et les ressources naturelles pour ainsi dire illimitées, qui n'aient subi le contre-coup des événements. Ils ont eu beau attirer à eux la moitié de l'or disponible, grâce au plus formidable excédent d'exportations qui se soit jamais manifesté dans la balance commerciale d'aucune communauté ; ils ont dû, pour équilibrer leur budget, établir passagèrement des impôts aussi forts que l'Ancien Monde. Il est vrai que, grâce aux excédents qu'ils s'assurent, ils amortiront rapidement les dettes qu'ils ont contractées pendant les hostilités et dont une partie représente les sommes qu'ils ont avancées aux Alliés.

C'est ainsi que tous ceux qui ont combattu

contre l'Allemagne ont vu de ce chef, leur existence financière plus ou moins compromise et sont obligés à des efforts surhumains pour commencer à remettre de l'ordre dans la maison. La tâche est plus ou moins ardue, le déla nécessaire pour arriver au résultat sera plus ou moins long : la crise n'en est pas moins profonde pour la plupart des États belligérants.

Et maintenant regardons de l'autre côté du Rhin. Quelle est la partie du territoire qui a souffert? où sont les villes dévastées, les champs en friche, les usines dynamitées, les houillères inondées et détruites, les forêts rasées, les routes, les canaux, les voies ferrées anéantis? Ne citons qu'une statistique, qui marquera la situation respective de notre industrie et de celle des vaincus. Déjà en 1919, la production mensuelle de la fonte en Allemagne atteignait la moitié du chiffre de 1913, 434 000 tonnes contre 877 000, alors qu'en France nous n'en étions encore qu'au quart, 196 000 tonnes contre 754 000. Depuis lors, l'écart s'est encore accentué au profit de nos rivaux, qui en sont à 65 pour 100 de leur quantité normale. Et c'est le moment que choisit M. Norman Angell pour écrire, dans un nouvel opuscule, aussi paradoxal que son livre dont nous avons parlé dans notre premier chapitre, que « l'industrie allemande a été détruite », et pour nous convier à une revision intégrale du traité de Versailles. En vérité, il semble que tous les désastres de l'invasion soient déjà réparés, ces désastres qui étaient ce que l'Allemagne redoutait le plus pour elle-même.

Lorsqu'en 1914 les armées russes pénétrèrent en Prusse orientale, ce fut un concert de lamentations. Les proclamations que l'ex-empereur Guillaume II lança à son peuple témoignent du désarroi dans lequel la présence de l'ennemi sur le sol germain avait jeté les gouvernants. Et cependant, qu'étaient-ce que les épreuves de ces quelques semaines d'occupation auprès de celles qu'ont endurées la France, la Belgique, la Roumanie, la Serbie, pendant de mortelles années? Les Allemands tremblèrent, à l'automne de 1918, à l'idée de voir nos troupes victorieuses fouler leur sol et leur demander compte de toutes les tortures qu'ils avaient infligées à nos populations. Ce fut une des principales raisons qui les amenèrent à implorer l'armistice. Et c'est cela qu'on voudrait oublier aujourd'hui ! Revenir sur les clauses d'un traité qui n'a donné aux Alliés qu'une partie des satisfactions auxquelles ils avaient droit, ce serait l'abandon du modeste fruit de la plus grande des victoires.

Jamais encore on n'avait vu les vainqueurs se pencher avec autant de sollicitude sur un vaincu qui simule une maladie, afin d'échapper à l'accomplissement de sa tâche. Celle-ci est bien loin de dépasser ses forces. Il y a longtemps que l'Allemagne aurait dû remettre aux Alliés les titres de 100 milliards de marks or qu'elle s'est engagée à livrer comme premier acompte de sa dette et qui ne lui imposeraient, après tout, qu'une charge annuelle de quelques milliards, bien inférieure à ce que la France et la Grande-Bretagne ont, d'ores et déjà, inscrit à leurs budgets pour le service de leurs emprunts de guerre. Il est tout à fait extraordinaire qu'alors que les dommages à réparer s'élèvent à des centaines de milliards, et que, pour ménager l'Allemagne, on ne lui a demandé, comme acte de début, que la reconnaissance écrite d'un premier montant payable à longue échéance et dont elle n'aura tout d'abord qu'à servir les intérêts, la Commission des réparations n'ait pas encore obtenu la remise matérielle de ces certificats de dette. N'est-elle pas convaincue que notre débiteur est en état de payer? Que ne s'inspire-t-elle de l'article 248 du traité de Versailles, qui établit ur privilège de premier rang sur tous les biens et ressources de l'Empire et des États allemands pour le règlement des réparations et autres charges résultant du traité. Est-ce qu'une première hypothèque, correspondant à une annuité de 5 et même de 10 milliards, n'est pas amplement garantie par la fortune allemande? Nous montrerons à quel montant celle-ci était évaluée en 1913 et quelle part l'Allemagne, alors qu'elle se croyait victorieuse, se préparait à prélever sur la fortune française.

CHAPITRE IV

LA CAPACITÉ DE PAIEMENT
DE L'ALLEMAGNE

I

LA FORTUNE ALLEMANDE AVANT LA GUERRE

Les Allemands remplissent le monde de leurs doléances au sujet du traité de Versailles, qui, prétendent-ils, leur impose une tâche au-dessus de leurs forces. Si nous nous reportons cependant à quelques années en arrière, et si nous évoquons le souvenir des années antérieures à la guerre, nous nous trouverons en face d'une attitude bien différente, et d'une tout autre évaluation de leur puissance financière. A cette époque, les hommes d'État, les banquiers, les économistes d'outre-Rhin célébraient à l'envi la fortune de leur pays, en soulignaient avec orgueil le développement merveilleux ; ils montraient les usines rhénanes et silésiennes disputant les marchés du monde à l'Angleterre et ne cédant la première place qu'aux États-Unis ; les banques berlinoises marchant de succès en succès, absorbant à l'intérieur les vieilles sociétés provinciales, mettant leurs gigantesques moyens d'action au service de l'industrie et du commerce, rayonnant au dehors dans les deux Mondes, fondant des succursales ou des filiales sur les principaux points du globe ; les grandes compagnies de navigation de Hambourg et de Brême luttant contre les armateurs britanniques, organisant des lignes sur toutes les mers du globe, venant chercher le trafic des voyageurs et des marchandises jusque dans les ports français et anglais.

Les statisticiens se plaisaient à supputer les centaines de milliards auxquels s'élevait la fortune germanique. La Banque impériale publiait, à l'occasion du vingt-cinquième anniversaire de sa fondation, en 1900, un volume dans lequel elle étalait complaisamment les chiffres qui attestaient ses progrès, les services rendus par elle au pays, notamment dans l'accomplissement de la réforme monétaire, l'organisation des virements sur toute la surface du territoire, la régularisation du taux de l'escompte. Les changes avec l'étranger, en particulier avec la France, l'Angleterre, l'Amérique du Nord, se tenaient aux environs du pair; l'or circulait en Allemagne; les Prussiens et autres ressortissants de l'Empire voyageaient beaucoup, remplissant de leur faste quelque peu tapageur les villes d'eaux et stations de plaisance.

Dans une étude publiée en 1913, sous le titre significatif : *le Bien-être du peuple allemand (Deutschlands Volks Wohlstand)*, le docteur Karl Helfferich, ancien directeur de la Deutsche Bank, qui fut, au début de la guerre, ministre de l'Intérieur, puis ministre des Finances en 1917, et vice-chancelier de l'Empire, célébrait en termes dithyrambiques la puissance économique de son pays.

Étudiant les éléments de cette prospérité, l'auteur rappelait tout d'abord celui qui est à la base de tous les autres, la population. L'excédent des naissances sur les décès en Allemagne était, en 1913, de 13 pour mille; la population, qui en 1870 ne dépassait guère celle de la France, s'était augmentée des deux tiers, et dépassait, à la veille de la guerre, 66 millions d'habitants. Le progrès industriel avait été d'une intensité extraordinaire : de 1882 à 1907, la puissance des machines en chevaux-vapeur avait quadruplé, passant de 2 à près de 8 millions. Mais là n'est pas la seule source d'énergie qu'emploient les usines modernes. Les entreprises d'électricité et de transport de la force à longue distance se sont multipliées en Allemagne, ainsi que les moteurs à gaz, les moteurs à pétrole pour automobiles et aéroplanes. La construction des machines y était florissante. M. Helfferich énumérait avec complaisance toutes celles qui sortaient des fabriques indigènes : machines pour l'industrie minière, pour la métallurgie, pour les textiles, le papier, pour l'agriculture et les industries agricoles, telles que distilleries, brasseries, sucreries. Il montrait la part prise par son pays dans la théorie et l'emploi des engrais ; il rappelait la richesse que constituent ses gisements de potasse, dont 11 millions de tonnes, extraites en 1912, représentaient une valeur de 230 millions de francs.

L'Allemagne, avec ses écoles profession-
nelles, sa main-d'œuvre disciplinée, donnait
l'impression d'une force productive considérable. Elle comptait, en 1907, près de 3 millions et demi d'exploitations industrielles,
dont 3 millions employant de une à cinq personnes, 267 000 de moyenne importance (de
6 à 50 personnes) et 32 000 occupant 51 ouvriers ou davantage. Parmi ces dernières,
500 avaient un personnel de plus d'un millier
d'hommes, et en groupaient, dans leur ensemble, près d'un million. Ce développement
des grandes exploitations s'appuyait sur celui
du capital disponible, qui favorisait en même
temps la constitution de sociétés de plus en
plus nombreuses. En 1886, il n'existait en
Allemagne que 2 143 sociétés par actions
ayant un capital de 6 milliards de francs.
En 1912, on en comptait 4 712 avec un capital de 19 milliards. Les dépôts dans les
banques dépassaient, à la même époque,
12 milliards ; dans les associations industrielles, 4 milliards ; dans les caisses d'épargne,
22 milliards : en un quart de siècle, le total
de ces dépôts avait quintuplé.

Au point de vue agricole, la production

avait fait de grands progrès : de 13 quintaux de blé à l'hectare en 1885, elle s'était élevée à 20 en 1912. Pour le seigle, alors que les emblavures ne s'étaient accrues que de 6 pour 100, la récolte avait progressé de 88 pour 100. En chiffres absolus, l'Allemagne venait en tête de toutes les nations pour la production des pommes de terre (50 millions de tonnes) et au troisième rang pour celle des céréales (15 millions de tonnes). Sa production de betteraves a atteint 15 millions de tonnes, fournissant 2 millions et demi de tonnes de sucre. Le nombre des animaux, sauf celui des moutons, s'était considérablement accru. Le bétail et les chevaux avaient augmenté d'un tiers, le troupeau porcin avait beaucoup plus que doublé. De 1887 à 1911, l'extraction charbonnière, houille et lignite, avait triplé, passant de 76 à 234 millions de tonnes ; l'Allemagne venait, sous ce rapport, au troisième rang dans le monde, après les États-Unis qui, en 1911, produisaient 450 millions et après la Grande-Bretagne, qui en donnait 276 millions. Le nombre des hauts fourneaux allemands avait passé de 212 à 313 ; il en sortait 16 millions de tonnes de fonte, le quart de la production mondiale, moins qu'aux États-Unis, mais 50 pour 100 de plus qu'en Angleterre. Pour l'acier, la situation était encore plus brillante : l'Allemagne atteignait à la moitié de la production américaine et dépassait de beaucoup plus du double celle du Royaume-Uni, 14 millions de tonnes contre 6 000.

M. Helfferich énumérait avec orgueil les millions d'ouvriers employés dans les diverses branches de l'industrie et montrait avec quelle rapidité, au cours du dernier quart de siècle, cette main-d'œuvre s'était multipliée. Au premier rang, il signalait les industries de la construction, occupant plus d'un million et demi d'hommes et travaillant sans relâche à édifier usines et bâtiments d'habitation. Il montrait le progrès des communications postales, télégraphiques, téléphoniques, qui avait doublé, triplé, quadruplé, des chemins de fer, dont le réseau avait passé de 42 000 à 62 000 kilomètres, de la flotte marchande, dont l'importance avait triplé et dépassait 4 millions de tonnes. Le commerce extérieur était, en 1912, de 25 milliards de francs, dont 14 à l'importation et 11 à l'exportation,

A ce tableau aux couleurs riantes, succédait une étude sur le revenu du peuple allemand, estimé à 57 milliards de francs. Ce facteur était examiné avec un soin particulier dans le principal des États allemands, celui chez lequel l'organisation financière était le plus perfectionnée. En Prusse, le nombre des habitants ayant un revenu inférieur à 1 125 francs, limite à partir de laquelle l'impôt est appliqué, était de 16 millions, leurs familles comprises ; tandis que celui des contribuables assujettis dépassait 7 millions et demi ; si on ajoute les membres de leurs familles, on trouve qu'ils étaient 24 millions contre 16 de la première catégorie. M. Helfferich faisait remarquer que, dans la tranche des revenus de 1 135 à 7 500 francs, le nombre des contribuables s'était accru de 150 pour 100, que dans celle de 7 501 à 125 000 francs, il avait doublé ; que, dans la catégorie supérieure à ce dernier chiffre, il avait crû de 50 pour 100. Parallèlement, les salaires avaient doublé.

Passant au capital, l'auteur essayait de déterminer celui du peuple allemand. L'assiette de l'impôt complémentaire prussien, qui frappe précisément le capital, permet d'énoncer une estimation pour ce royaume ; en 1911, on l'évaluait à 200 milliards de francs, ce qui correspondrait pour l'Empire à 325 milliards. Mais de nombreuses additions devaient être faites à ce chiffre et le rapprochaient de celui d'un écrivain allemand, dont nous résumerons le travail un peu plus loin, et qui arrivait à un total bien supérieur.

Un autre signe de prospérité que M. Helfferich relevait était le chiffre des émissions de valeurs mobilières, fonds d'État, obligations et actions, qui, de 1886 à 1913, ont atteint 68 milliards de francs, avec une moyenne annuelle de près de 4 milliards à la fin de la période. Il faisait d'ailleurs remarquer avec raison que ce montant était loin d'être celui de l'accroissement annuel de la fortune nationale. Ce n'est qu'une partie de l'épargne qui se place en nouveaux titres ou qui va grossir les dépôts de banques et des caisses d'épargne. Bien des entreprises autres que les sociétés anonymes augmentent leur capital et leurs moyens d'action ; beaucoup de particuliers développent leur outillage en complétant leurs installations. Le taux de l'accroissement de la richesse générale, qui était de 4 pour 100 en 1893, avait atteint plus de 10 pour 100 en 1913.

Au cours des quinze années 1897-1912, alors que la population s'était accrue de 28 pour 100, le capital possédé par elle avait grandi de 50 pour 100 ; la force productive du travail, en d'autres termes, la valeur du capital humain, avait crû dans la même proportion de 50 pour 100. Si, d'autre part, on recherche l'emploi fait par les Allemands de leur revenu total de 57 milliards, on trouve que 9 étaient absorbés par les budgets de l'Empire et des États, 34 par les dépenses personnelles des habitants ; 14 représentaient l'addition annuelle au capital préexistant. Tels étaient les chiffres proclamés à la veille de la guerre par un des premiers financiers d'outre-Rhin qui, en les présentant à ses lecteurs, s'écriait : « Voilà de quoi réjouir et exalter nos cœurs ! L'Allemagne s'est élevée à un niveau qu'elle n'avait encore jamais atteint ; elle s'est montrée égale aux plus puissants de ses concurrents. »

En même temps que M. Helfferich célé-

brait en termes pompeux l'expansion économique de l'Empire, beaucoup de ses compatriotes s'appliquaient à en calculer minutieusement les éléments. L'une des dernières
évaluations de la fortune allemande faites
avant la guerre l'a été par M. Steinmann-
Bucher, qui avait dressé une statistique en
six chapitres divisés comme suit :

1º *Les propriétés mobilières et les immeubles
bâtis, abstraction faite de la valeur du sol.* —
Le total en était établi d'après les sommes
pour lesquelles ces objets étaient assurés
contre l'incendie. L'ensemble des polices
s'élevait déjà, en 1905, à plus de 200 milliards ; l'auteur du travail faisait observer
avec raison que, si certaines polices dépassent
la valeur des objets, le contraire est vrai
dans beaucoup de cas. En outre, le quart des
mobiliers environ n'est pas assuré et plusieurs
centaines de sociétés d'assurances mutuelles
ne figuraient pas dans la statistique officielle.
On doit donc porter ce chapitre à 225 milliards au moins.

2º *La valeur du sol des villes et des campagnes.* — Dans les agglomérations urbaines,
cette valeur dépasse souvent celle des cons-

tructions édifiées. D'autre part, les terrains qui constituent la périphérie immédiate des cités ont une tendance constante à la hausse, l'extension de ces dernières les transformant en terrains à bâtir. Or, depuis 1871, le nombre des grandes agglomérations n'a cessé de croître en Allemagne : en 1905, sur 1 000 habitants, il y en avait 190 dans des villes de plus de 100 000 âmes, alors qu'en 1871 il n'y en avait que 48, c'est-à-dire quatre fois moins. M. Steinmann Bucher évaluait à 37 milliards le sol des villes de cette catégorie, et à 25 celui des villes à population moindre, au total 62 milliards. Il arrive au même chiffre pour la valeur du sol rural en comptant l'hectare à 1 200 francs, ce qui ne semble pas exagéré.

3° *Le capital allemand placé au dehors et les fonds étrangers possédés par les Allemands* étaient estimés à 25 milliards. M. Steinmann-Bucher s'appuyait pour justifier ce chiffre sur les travaux de l'office impérial de la marine et ceux de M. Erich Neuhaus, qui, dès 1906, mettait en avant un chiffre de 20 milliards, rapidement accru au cours des années suivantes.

4° Les chemins de fer possédés par les divers Etats formant l'Empire, notamment la Prusse, les mines domaniales, les bâtiments publics, les ports, les canaux, 42 milliards.

5° Les navires, les marchandises en cours de route sur voies de terre ou d'eau, 5 milliards.

6° Les espèces métalliques, 6 milliards.

L'addition de ces six chapitres donne un total de 445 milliards de francs, auquel un Allemand, il y a huit ans, évaluait la fortune de son pays. Remarquons qu'il ne faisait pas entrer dans ce compte les titres de rente, les fonds publics, ni, d'une façon générale, les titres de créances des habitants les uns vis-à-vis des autres. En conséquence, on peut dire que cette estimation était modérée. Si quelques éléments de l'actif, comme les navires et les titres étrangers, doivent être actuellement ramenés à des sommes inférieures à celles de 1912, le sol, les bâtiments, les installations industrielles ont bénéficié d'une plus-value analogue à celle qui s'est manifestée sur tout le globe.

La fortune allemande représentait ainsi le double de l'estimation la plus basse que l'on faisait en 1913 de la fortune française,

225 milliards ; elle était encore supérieure de 50 pour 100 à l'estimation la plus élevée, 300 milliards de francs. Est-il excessif de prétendre que notre pays a été plus atteint dans ses œuvres vives que l'Allemagne, et avons-nous le droit d'affirmer qu'elle est en mesure de fournir un effort supérieur au nôtre?

II

LA SITUATION ACTUELLE DE L'ALLEMAGNE

Il semble d'ailleurs que des signes nombreux attestent la reprise de la vie économique de l'autre côté du Rhin.

Le lecteur qui parcourt les journaux allemands est frappé de l'abondance et de la variété des annonces qui indiquent l'activité des affaires. Ici on demande des directeurs pour des entreprises commerciales et industrielles ; là, des banques réclament des chefs de services, des arbitragistes ; des entrepositaires cherchent du personnel ; des négociants réclament des commis voyageurs ; des fabriques de diverses régions font des offres alléchantes à des ingénieurs ; des sociétés par actions s'inscrivent pour des chefs du contentieux ; des parfumeries ont besoin de spécialistes ; ailleurs, c'est aux électriciens qu'il est fait appel. Voilà pour les personnes. Au point de vue des marchandises, il en est offert de toutes sortes : moteurs, verres à vitres, machines de tout genre, des kilomètres de conduites, des pneumatiques, des camions, des chaudières, des cigares, des machines agricoles, des seaux, des bassins. La *Gazette de Francfort*, *Frankfurter Zeitung*, qui est un des principaux organes de l'Allemagne du sud, contient beaucoup plus d'annonces commerciales qu'avant la guerre. Est-ce là le signe d'un marasme, d'une dépression économique ?

Certes, il ne faut pas considérer les cotes de bourse comme un indice incontestable de prospérité. Toutefois, la valeur attribuée par le public à certains titres, en particulier à des actions d'entreprises indigènes, atteste la confiance des capitalistes dans leur avenir et n'est pas sans rapport avec la situation générale du pays. Or, si nous comparons les cours de nombre d'actions de banques et de sociétés industrielles allemandes aux dates des 1er septembre 1919 et 8 mai 1920, nous relevons des écarts dans le genre de ceux-ci :

	1er sept. 1919	8 mai 1920
Actions du Charbonnage Harpener.....	165	278
Actions de la Compagnie de Navigation Hambourg-Amérique...............	101	172
Deutsche Bank (Banque allemande)	194	303
Fabrique badoise d'Aniline...........	329	655
Banque Germano-Asiatique...........	135	380
Phénix (Société industrielle)...........	181	416

Il est vrai qu'au cours des huit mois qui forment l'intervalle envisagé, la valeur de la monnaie allemande a baissé et que le mark s'est déprécié par rapport aux monnaies étrangères. Cette chute du change explique en partie les hausses énormes que nous enregistrons : il n'en est pas moins certain qu'elles ne se seraient pas produites, si la nation s'était appauvrie.

De nombreuses branches de l'industrie allemande sont prospères. Il suffit, pour s'en rendre compte, de voir les dividendes distribués par beaucoup de sociétés et les avantages consentis à leurs actionnaires sous forme de distributions de réserve ou de répartitions d'actions à titre gratuit. Considérons le tableau, récemment publié, d'une vingtaine de groupes d'entreprises, telles que constructions en béton, constructions de voitures, exploitations de lignites, tissages de laine et de coton, fabriques de crayons, de lampes, d'articles émaillés, d'allumettes, de chapeaux, de linge, d'objets en caoutchouc, d'aciéries ; les derniers dividendes, pour plusieurs d'entre elles, se sont élevés jusqu'à 30 pour 100. En outre, durant le seul mois de mars 1920, des attributions d'actions ont été faites pour une valeur de 163 millions de marks. Les fabriques d'explosifs se sont particulièrement distinguées par la générosité de leurs dividendes : celle de *Cœln Rottweill* vient de distribuer 16 pour 100, la *Siegner-Dynamit* et la *Rheinische-westphælische Dynamit* chacune 12,80 pour 100. A première vue, on ne concilie pas très bien ces bénéfices copieux avec l'obligation de désarmement qui a été imposée à l'Allemagne.

La métallurgie allemande, nous l'avons vu, travaille d'ores et déjà à presque les deux tiers de sa capacité de production, tandis que la métallurgie française ne travaille qu'au quart. Ce rapprochement est éloquent et en dit long sur la situation respective des deux pays.

Nous avons l'impression que le peuple allemand tout entier organise une sorte de conspiration pour faire en ce moment le silence autour des chiffres de sa production, afin d'apitoyer l'étranger sur un sort beaucoup moins pénible dans la réalité que dans les descriptions qui en sont propagées à l'envi.

La population commence déjà à bénéficier d'une baisse de prix que l'on nous promet en France depuis quelques semaines, mais qui ne s'est encore fait sentir chez nous sur aucun article de première nécessité. Un télégramme adressé le 27 mai 1920 à la *Gazette de Francfort* annonçait qu'à Hambourg, à la suite d'importations considérables, une véritable panique s'était déclarée chez les négociants en gros. Ceux-ci s'efforcent de vider leurs magasins à tout prix, en dépit des pertes que leur infligent ces réalisations. Des trains se succèdent à Berlin, apportant des chargements de vivres. Les communes sont particulièrement atteintes par une baisse de 30 à 40 pour 100, qui déprécie dans cette proportion les stocks que les municipalités avaient accumulés. Les entrepôts regorgent de graisse, de margarine. Les légumes secs, le vin, le poisson ont baissé de moitié. Les boutiquiers qui, pendant la hausse, ne cessaient d'acheter, se retirent aujourd'hui du marché : leur abstention accélère la chute des cours. Voilà qui semble promettre aux Allemands des facilités de vie qui constrastent avec les embarras au milieu desquels se débattent d'autres populations européennes.

Lorsqu'on constate dans les journaux que des négociants en tabacs remplissent des pages entières d'annonces de vente de cigarettes, lorsqu'on lit des annonces de broderies offertes par dizaines de mille, lorsqu'on voit les courses de chevaux reprendre à Berlin et ailleurs, on est en droit de se demander si les plaintes qui retentissent dans la presse sur la misère du pays sont bien sincères. Il semble tout au moins que les Allemands ne soient pas plus mal partagés qu'aucun des autres peuples qui ont été entraînés dans la guerre et que leur situation, si elle n'est pas exempte des soucis qui sont aujourd'hui le lot d'une partie du monde, soit en voie de s'améliorer.

III

LA PAIX QUE NOUS EÛT DICTÉE
L'ALLEMAGNE VICTORIEUSE

Pour juger équitablement la tâche qu'il est aujourd'hui légitime d'imposer à chaque nation, il convient d'élargir le problème et de se demander ce qu'eût fait l'Allemagne victorieuse vis-à-vis des Alliés. Pour ce faire, nous ne sommes pas réduits aux hypothèses. Une abondante littérature a fleuri chez nos ennemis, dès avant la guerre, et surtout après qu'elle eut éclaté, qui ne nous laisse aucun doute sur leurs projets. Ces livres, ces brochures, ces innombrables articles de revues et de journaux, s'orientaient vers deux ordres d'idées à propos desquels ils étaient unanimes. En premier lieu, ils demandaient que la guerre fût menée avec toute la brutalité possible ; il fallait non seulement détruire les armées et les flottes, mais ruiner de fond en comble les pays eux-mêmes, terroriser, décimer les populations civiles, les réduire en esclavage, anéantir les maisons, les usines, les mines, de façon à écarter, pour une longue période, toute possibilité de concurrence économique de la part des régions envahies et occupées par les armées allemandes. Le second objectif était une paix de conquête, de domination, qui assurât à la Germanie l'hégémonie du monde. Nous allons montrer, par un certain nombre de citations, cet état d'âme d'écrivains qui avaient tous adopté les théories du militarisme prussien et qui, affirmant la supériorité quasi divine de leur race, proclamaient qu'il ne faudrait pas hésiter à détruire une capitale ennemie et ses six millions d'habitants, si cela pouvait épargner la vie d'un grenadier poméranien.

Cette absence de tout altruisme est le caractère dominant d'une mentalité qui est à l'antipode de la nôtre. Nous pouvons ouvrir au hasard les ouvrages qui traitaient des conditions de paix ; il n'en est pour ainsi dire pas un seul qui ne parle d'annexions nécessaires. Alors que nous sommes toujours sensibles au côté sentimental des questions, les Allemands professent à son égard un mépris souverain. La brochure d'un M. Scholtz contenait le passage suivant : « Si nous avions le moyen de détruire entièrement la ville de Londres, ce serait plus humain que de laisser un seul Allemand perdre son sang sur le champ de bataille : une cure radicale est ce qui amène le plus rapidement la paix. Hésiter et attendre, user de douceur et d'égards, c'est une faiblesse impardonnable. Une attaque brutale, qui ne tient compte de rien, voilà la force qui amène la victoire. Que l'ennemi dise de nous ce qu'il lui plaira : la seule chose que nous ne voulons pas, c'est qu'au jour de la signature de la paix il puisse prétendre que les Allemands ont été les dindons de la farce. »

C'est, en termes vulgaires, le commentaire des vers célèbres de Gœthe :

Du musst steigen und gewinnen,
Du musst siegend triumphiren;
Oder dienend unterliegen,
Amboss oder Hammer sein.

Tu dois monter et gagner,
Tu dois vaincre et triompher ;
Sous peine de servir et d'être esclave,
Il faut être enclume ou marteau.

Le 19 janvier 1916, le député Martin déclarait au Reichstag que le peuple allemand ne

permettrait pas à son gouvernement de restituer les territoires que ses armées occupaient
alors. L'état-major ayant réalisé les neuf
dixièmes des acquisitions prévues et auxquelles il ne manquait que Calais, Verdun,
Belfort, Riga et Salonique, il n'y avait qu'à
s'installer d'une façon inexpugnable sur les
positions conquises et à préparer l'incorporation définitive à l'Empire de ces provinces
arrachées à l'ennemi.

Dans la même année 1916, le docteur Bruno
Heinemann et le docteur Neumann-Frohnau
publiaient une brochure intitulée : *Les territoires frontières ennemis et leur signification
au point de vue de la vie économique allemande.*
Après avoir passé en revue la Belgique, la
France du Nord et de l'Est, la Russie occidentale et ce qu'ils appelaient les portes de
l'Orient, ils concluaient, sans chercher d'autres excuses, que ce qui est bon à prendre
est aussi bon à garder. « Il convient non seulement, écrivaient-ils, de conserver les territoires occupés par nous jusqu'à la paix,
mais de nous les annexer d'une façon définitive, de façon à consolider notre économie
nationale par l'adjonction de ces terres qui

lui conviennent. Si nous ne profitions pas de l'occasion présente, notre position, dans une guerre future, deviendrait beaucoup plus désavantageuse, car nos besoins d'aliments et de munitions seraient alors encore augmentés. Les conditions de paix devront donc assurer, pour un temps indéfini, l'avenir économique et politique de notre pays. » Il est aisé de comprendre ce que veut dire ce langage. Il suffit de se reporter aux chapitres du livre pour ne conserver aucun doute sur sa signification. « L'annexion des provinces russes de l'Ouest faciliterait beaucoup l'approvisionnement de l'Allemagne en denrées alimentaires : à cet effet, il conviendrait de reculer ses frontières jusqu'au lac Peipus, jusqu'au Pripet et au Dnieper. Mais cela ne serait pas encore suffisant : il faudrait occuper la Serbie, de façon à assurer un débouché à l'industrie du centre de l'Europe : la Serbie est la porte de l'Orient, de la Bulgarie, de la Turquie, de l'Asie Mineure. Tous ces pays ont besoin d'être colonisés par l'Allemagne. »

Au mois de juin 1918, à l'heure où les Allemands s'imaginaient toucher à leur but, le comte de Roon, parent de l'ancien ministre de la Guerre qui joua un grand rôle sous le règne de Guillaume Ier, publiait, dans la *Gazette de Gœrlitz*, le programme dont les ligues annexionnistes réclamaient l'application intégrale, et qui se résumait ainsi :

« L'Allemagne a la force, qui lui a donné la victoire, non pour s'entendre avec ses adversaires, mais pour leur dicter ses conditions, qui sont : Pas de trêve, pas d'armistice, pas d'interruption de guerre sous-marine, refus d'écouter toute proposition de l'Entente, tant qu'il y aura un soldat anglais en France ou en Belgique, et tant que les Allemands ne seront pas dans ou devant Paris. Annexion de la Belgique, en lui accordant l'autonomie administrative et intérieure. Annexion de toute la côte des Flandres jusqu'à Calais. Annexion des bassins de Briey et de Longwy, de Toul, de Belfort, de Verdun et des régions situées à l'est de ces villes. Restitution à l'Allemagne de toutes ses colonies, y compris Kiao-Tchéou. Afin d'assurer la liberté des mers, l'Angleterre devra céder à l'Allemagne ses bases navales, ainsi que les stations de charbon que l'Allemagne désignera. L'Angleterre restituera Gibraltar à l'Espagne. L'Angleterre cédera toute sa flotte de guerre à l'Allemagne, rendra à la Porte l'Égypte et le canal de Suez, ainsi que tout ce qui appartient à la Turquie.

« La Grèce devra être rétablie sous l'autorité du roi Constantin dans ses anciennes frontières, telles qu'elles étaient avant le commencement de la guerre. L'Autriche et la Bulgarie se partageront la Serbie et le Montenegro.

« L'Angleterre, la France et les États-Unis d'Amérique paieront *tous les frais de guerre* à l'Allemagne, au moins 180 milliards de marks, c'est-à-dire 225 milliards de francs, et livreront immédiatement les matières premières exigées par l'Allemagne. La France et la Belgique resteront occupées, aux frais de ces pays, par les troupes allemandes jusqu'à ce que toutes les conditions qui précèdent aient été remplies. »

Est-il nécessaire d'insister sur le contraste que présentent ces stipulations avec celles du traité de Versailles? L'Allemagne, dont le territoire était inviolé, demandait, non pas la réparation de dommages subis, mais le remboursement, avec usure, de tout ce qu'elle avait dépensé pour la guerre. Ce n'était pas le retour à l'Empire de populations fidèles qu'elle réclamait ; elle s'annexait brutalement des territoires dont elle prétendait avoir besoin au point de vue militaire, sans se soucier le moins du monde de la volonté des habitants. Quant aux relations futures avec ses ennemis, elle ne daignait même pas s'en occuper : « Tout s'arrangera, écrivait M. de Roon ; réalisons seulement notre programme. »

Bien d'autres articles de paix ont été élaborés, au cours de la guerre, de l'autre côté du Rhin ; l'imagination des pangermanistes s'est abondamment exercée sur la gamme des clauses qu'ils se préparaient à nous imposer. Dès 1914, le fameux comte Bernstorff, ambassadeur de Washington, en énumérait un certain nombre, telles que la cession à l'Allemagne de toutes les colonies françaises, de toute la France du Nord-Est, la suppression de tous droits d'entrée en France sur les marchandises allemandes, tandis que l'Allemagne conserverait pleine liberté de frapper les marchandises françaises, la renonciation de la France au service militaire

obligatoire, la destruction de toutes les forte-
resses françaises, l'octroi de droits spéciaux
aux brevets allemands en France, la renonciation par la France à toute alliance avec
la Russie et la Grande-Bretagne, l'adhésion
de la France à une alliance de vingt-cinq ans
avec l'Allemagne.

Mais nous nous sommes promis de ne pas
discuter ici de clauses politiques. Nous nous
sommes volontairement cantonnés sur le terrain économique. Nous en avons assez dit
pour faire éclater la différence entre ce qui
s'est fait à cet égard à Versailles et ce que
proposaient nos ennemis. Ce n'est pas eux
qui, en cas de victoire, eussent inscrit des
articles stipulant que le vainqueur devra se
rendre compte de la capacité de paiement du
vaincu, avant d'exiger de lui certains paiements. Non seulement ils n'auraient songé
à rien de semblable, mais ils auraient dicté
des conditions draconiennes, avec le secret
espoir qu'elles ne seraient pas exécutables et
que, par conséquent, les gages accordés
eussent été retenus par eux ; et ils auraient
su prendre des gages précieux et suffisants.

La question de savoir comment ils se feraient payer, en cas de victoire, était envisagée par les Allemands avec une netteté qui nous édifie sur la façon dont ils seraient arrivés à leurs fins. Voici ce qu'écrivait en 1915 le baron de Zedlitz-Neukirch, membre de la Diète de Prusse, qui exprimait l'opinion de la plupart des grands propriétaires fonciers, des industriels, des armateurs et des commerçants :

« Le total des indemnités de guerre et des pertes atteindra une hauteur presque fabuleuse... il sera impossible d'exiger la restitution entière de nos dépenses et de nos pertes en valeurs escomptables. Comme, d'un autre côté, il n'y a rien qui puisse nous faire renoncer à cette restitution pleine et entière, il faudra nécessairement l'obtenir sous une autre forme. La restitution en argent pourra être remplacée par certains avantages économiques, propres à relever notre richesse nationale. Cela se fera par des traités de commerce avantageux, des concessions de mines, de chémins de fer. En dehors de cela, il faudra des acquisitions territoriales. Les gisements métallurgiques de la Lorraine française et de la Pologne russe sont le complément de nos propres exploitations minières. Trouver en tout cela la solution juste et utile, c'est certainement une tâche digne des plus nobles efforts. »

On devine ce que le baron de Zedlitz-Neukirch appelle la solution juste et utile, celle qu'il considérait comme digne de ses plus nobles efforts : elle consistait, pour l'Allemagne, à se faire payer non seulement les dommages, mais tous les frais de guerre. La somme une fois fixée, ce qui n'aurait pas été acquitté en valeurs escomptables aurait été couvert par des annexions territoriales et des concessions multiples, destinées à parfaire le paiement.

Parmi les nombreuses publications qui, avec un cynisme naïf, ont, au cours de la guerre, révélé l'état d'âme des Germains, citons encore la brochure du comte Reventlow, qui, sous ce titre significatif : *Avons-nous besoin de la côte flamande?* entassait argument sur argument pour démontrer que l'Allemagne ne pouvait vivre sans cette conquête. La nature, disait l'auteur, a mis tous les avantages stratégiques du côté anglais ; il faut en conséquence appuyer nos défenses de la Baltique sur celles de la mer du Nord, sans quoi nous ne pourrons avoir l'empire des mers.

D'ailleurs, ce n'était pas seulement le rivage que Reventlow réclamait, c'était toute la Belgique, sans laquelle, disait-il, il est impossible d'assurer la renaissance économique et l'indépendance du peuple et de l'Empire allemands. Tout le volume roule sur cette thèse, que la puissance navale allemande ne peut se développer pleinement qu'en ayant à sa disposition la côte belge, et conclut que, du moment où il en est ainsi, aucune discussion ne saurait s'élever sur la légitimité de cette annexion. L'Allemagne a besoin d'établir sa suprématie ; celle-ci a pour condition l'empire des mers, lequel ne peut s'établir que s'il a sa base dans la métropole ; les ports actuels de l'Allemagne sont insuffisants : elle prolongera donc son littoral jusqu'à Ostende et Zeebrugge. Les raisonnements s'enchaînent avec une naïveté déconcertante ; le point de départ en est toujours le même : l'Allemagne prendra, en Europe et ailleurs, tout ce qui est de nature à assurer son hégémonie.

Pendant que le fougueux Reventlow publiait diatribe sur diatribe afin d'entretenir chez ses compatriotes l'ardente volonté de ce qu'il appelait les conquêtes indispensables, d'autres pangermanistes dressaient des statistiques destinées à les impressionner en leur montrant les conséquences de la paix, si elle ne se faisait pas selon les exigences de l'Empereur et de ses généraux. L'une des plus curieuses élucubrations de ce genre a paru en 1918 sous le titre de *Deutschlands Lage beim Friede* (la situation de l'Allemagne lors de la paix) ; elle critique vivement la note du pape du 1er août 1917, dans laquelle le Souverain Pontife demandait l'évacuation de la Belgique et des territoires français occupés. Le passage le plus intéressant de cette brochure est celui où elle établit le bilan de ce que serait la fortune publique, un an après la paix, dans les diverses hypothèses envisagées. Au cas où les Alliés seraient vainqueurs, l'auteur admet que l'Allemagne aurait à leur rembourser leurs frais de guerre à raison de 320 milliards de francs et les dommages causés à la France, l'Angleterre, la Belgique et la Russie à raison de 54 milliards. Voilà le chiffre auquel nos ennemis eux-mêmes s'attendaient à être taxés ! Ils savent aussi bien que nous que la somme des dommages s'est accrue depuis lors dans une proportion énorme. Leurs propres aveux font ressortir la modération du traité de Versailles. Il n'y a aucune espèce de comparaison à établir entre ce qu'il leur demande et ce qu'ils auraient exigé de nous.

Un des livres les plus caractéristiques de la mentalité allemande a paru à Leipzig en 1918 sous la signature de Kurd von Strautz et le titre de : *Le but de guerre de notre peuple* (*Unser voelkiches Kriegzsiel*). Il débute par une confession dont nous traduisons les premières lignes :

« Déjà comme écolier, je vivais sous l'impression de la dernière guerre franco-allemande ; grâce à un merveilleux enseignement de l'histoire, reçu au gymnase de Joachimstal à Berlin, je m'éloignai de la culture classique, qui néglige volontairement le nationalisme. Le rêve de ma vie était dès lors de voir éclater cette guerre de représailles (*Vergeltungskampf*), — tel est le nom que devrait porter la lutte actuelle, — à laquelle je n'ai jamais cessé de croire, mais que je craignais de voir retardée indéfiniment sous l'influence du déplorable optimisme pacifique (*Friedensseligkeit*) du gouvernement qui avait succédé à celui de Bismarck. J'ai lutté par la parole et par la plume pour cette guerre de vengeance (*Rachekrieg*), qui devait enfin rétablir les frontières de notre peuple et de notre empire, telles qu'elles existaient en 1552, et que nous avons successivement perdues à l'orient et à l'occident. Ni 1815 ni 1871 ne nous les ont rendues. Bismarck a inauguré, mais n'a pu achever notre relèvement, et après lui commença la décadence, que seule la guerre actuelle a pu arrêter. » Cette guerre, M. Strautz la saluait avec des transports de joie. Il considère d'ailleurs que l'Allemagne, alliée à la Hollande, à la Belgique, à la Suisse, appuyée sur l'Autriche, sera un adversaire écrasant pour la pauvre France, préalablement dépouillée de la Lorraine, de la Flandre française, de l'Artois, du Cambrésis et de la Franche-Comté.

Nous aimerions savoir ce que pense aujourd'hui M. Kurd von Strautz et s'il se réjouit encore, avec la même allégresse, de l'entrée en campagne de 1914.

La littérature annexionniste n'a pas seulement été abondamment enrichie de publications signées d'auteurs allemands. Ces messieurs ont fait une recrue hollandaise. Un certain Hans Clockener, qui se dit lieutenant retraité des Pays-Bas, a écrit une brochure intitulée : *Pourquoi et comment faut-il que l'Allemagne annexe?* Il y déclare que la guerre lui a fait comprendre qu'il appartient à la grande race. Il plaint l'Allemagne d'avoir de si mauvaises frontières, notamment du côté de Belfort, que « l'insigne faiblesse de Bismarck eut le tort de laisser à la France en 1871 ». La guerre de 1870 a fait l'unité allemande, celle de 1914 doit faire l'unité germanique, qui embrassera la Scandinavie, les Pays-Bas, l'Autriche et la Suisse.

IV

LES TRAITÉS DE BREST-LITOVSK ET DE BUCAREST

Pourquoi d'ailleurs chercher les preuves des desseins allemands dans la bibliothèque des écrits répandus par eux à profusion depuis nombre d'années? Ne suffit-il pas d'évoquer le souvenir des traités de Brest-Litovsk et de Bucarest, dictés à la Russie et à la Roumanie? Lorsque les délégués roumains protestaient contre la dureté des clauses auxquelles le vainqueur passager les forçait de souscrire, celui-ci leur répondait : « Vous apprécierez la modération de l'Allemagne lorsque vous connaîtrez les conditions que les Empires centraux imposeront aux puissances occidentales. »

Et cependant le premier des traités que nous venons de rappeler, celui de Brest-Litovsk, signé le 7 mars 1918, enlevait à la Russie la Pologne avec 11 millions, la Lithuanie avec 9 millions, la Livonie et l'Esthonie avec plus de 2 millions d'habitants ; il détachait de la mère-patrie l'Ukraine, la Finlande et la Géorgie, que l'Allemagne reconnaissait soi-disant comme républiques indépendantes, mais qu'elle soumettait à un véritable protectorat. En réalité, ces annexions plus ou moins déguisées plaçaient sous la domination allemande d'immenses territoires, peuplés de plus de 50 millions d'habitants.

Le traité de Bucarest, du 7 mai 1918, était plus perfide encore que celui de Brest-Litovsk.

L'Allemagne affectait de ne réclamer pour elle-même aucun territoire ; mais elle commençait par attribuer à la Bulgarie 4 000 kilomètres carrés et à l'Autriche la partie méridionale des Carpathes, de façon à rendre les frontières de la Roumanie indéfendables. Elle lui enlevait la Dobroudja, soumise dorénavant à un condominium dans lequel l'Allemagne avait la haute main : elle s'installait par là dans le port de Constantza et s'assurait un débouché vers la mer Noire. La Hongrie, de son côté, entrait en possession des gisements pétrolifères et des charbonnages de la région de Bacau. Plus au sud, des redressements de frontières absorbaient les districts de Buzeu et de Prahova, où se trouvent des centres industriels importants ; dans la région de Turnu-Severin, l'Allemagne accaparait les gisements de cuivre de Baia de Amara. Enfin, l'article 12 du traité de Bucarest stipulait que nulle obligation d'aucune sorte ne résulterait ni pour les territoires enlevés, ni pour les États qui les acquièrent, du fait que ces territoires ont appartenu à la Roumanie ; la dette roumaine tout entière restait à la charge de la Roumanie, amputée d'une partie notable de sa population et de sa richesse.

L'Allemagne mettait la main sur tous les gisements pétrolifères du pays, par l'intermédiaire de trois organes : la *Société des établissements de l'industrie pétrolifère*, destinée à englober les entreprises rivales ; la *Société commerciale à monopole*, qui disposerait de la totalité de la production ; la *Société fermière des terrains pétrolifères*, qui devait s'emparer des sources même de l'industrie. Cette dernière, de nationalité allemande, recevait, pour trente ans, le droit exclusif d'exploiter tous les terrains de l'Etat roumain, à l'exception de ceux concédés avant le 1er août 1916, ainsi que celui de la recherche, de l'extraction et du traitement des huiles minérales, des gaz, de l'asphalte et des autres bitumes. Les terrains exceptés faisaient de plein droit, à l'expiration des concessions en cours, retour à la Société fermière. Le renouvellement de tous ces avantages était prévu pour deux périodes d'égale durée, si bien que, pendant quatre-vingt-dix ans, l'Etat roumain perdait la libre disposition de la partie la plus riche de son territoire. La Société commerciale, moyennant une redevance insignifiante de

3 lei 40 par tonne, à verser au gouvernement roumain, pouvait dorénavant ravitailler l'Allemagne : celle-ci était représentée dans son conseil par des administrateurs appartenant à la grande métallurgie allemande, l'industrie allemande des pétroles et la navigation transatlantique allemande.

Toutes les précautions étaient prises du côté des chemins de fer. En Ukraine, les Empires centraux, sous prétexte de surveiller le transit des marchandises importées par eux, s'étaient réservé le contrôle des réseaux ; les troupes allemandes occupaient les voies ferrées jusqu'aux frontières orientales. De la Russie, l'Allemagne obtenait le libre accès vers la Perse et l'Afghanistan. En Roumanie, un représentant de l'administration allemande devait résider sur place et prendre en fait la direction de l'exploitation. Le réseau télégraphique roumain était mis à la disposition de l'Allemagne ; jusqu'en 1950, celle-ci devait conserver une station sur les côtes roumaines pour l'atterrissage de ses câbles sous-marins.

Ces diverses clauses constituaient des contributions bien autrement lourdes que ne l'eussent été quelques centaines de millions ou même quelques milliards d'indemnité. Le journal de Munich (*Muenchener Neueste Nachrichten*), du 18 mai 1918, reconnaissait que « ces indemnités de guerre indirectes faisaient la part très belle à l'Allemagne et qu'elle pourrait être satisfaite si elle arrivait à conclure la paix avec ses autres ennemis dans des conditions identiques. » Nous le croyons sans peine. Vis-à-vis de la Russie, on n'avait même pas cherché à garder l'apparence des ménagements : on exigeait d'elle une indemnité globale et forfaitaire de 6 milliards de marks, dont un quart serait payé par la fourniture de 245 564 kilogrammes d'or fin et 545 millions de roubles en anciens billets de banque, un sixième serait acquitté par des marchandises, cinq douzièmes par la remise de titres de rente ; un dernier sixième resterait à la charge de l'Ukraine et de la Finlande.

Nous pourrions remplir bien des pages par l'énumération des avantages politiques, économiques, financiers que l'Allemagne s'était assurés. En ce qui concernait par exemple les sommes et l'or déposés à la Banque impériale allemande pour le compte de la Banque nationale roumaine, l'Allemagne déclarait qu'une partie de ces sommes et cet or ayant disparu par suite d'actes d'administration des autorités allemandes et ne pouvant être restituée, le solde resterait à Berlin en vue d'assurer le paiement des coupons de rente roumaine appartenant à des ressortissants allemands. Des traités de commerce, très favorables aux Empires centraux, étaient remis en vigueur ; le libre transit était assuré aux marchandises austro-allemandes acheminées vers l'Asie. En un mot, l'Allemagne n'avait reculé devant aucun moyen pour assurer son hégémonie dans l'Europe orientale ; faisant de la Baltique et de la mer Noire deux lacs allemands, elle s'assurait la surveillance du Danube sur tout son parcours. Au Hambourg-Bagdad, dont la réalisation était, dès ce moment, rendue impossible par les succès militaires de l'Entente en Palestine et en Mésopotamie, elle substituait le Hambourg-Téhéran par la Roumanie, l'Ukraine et la Turquie.

Bien que les deux traités de Brest-Litovsk et de Bucarest aient été annulés par le pacte de Versailles, il était bon d'en remettre les clauses sous les yeux de nos lecteurs et de leur montrer comment l'Allemagne traite les vaincus. Il est impossible de rêver une mainmise plus complète sur leurs ressources, une série de dispositions mieux calculées aux fins de les asservir économiquement. Qu'auraient dit les Allemands si nous avions formé des sociétés françaises pour exploiter, à notre compte, pendant un siècle, les gisements des sels de potasse de Stassfurt, les charbonnages de la Ruhr et de Silésie? si nous avions pris le contrôle de leurs chemins de fer, installé nos ingénieurs dans leurs ports? appliqué en un mot, dans le traité de Versailles, le système prodigieusement raffiné et à longue portée qui a dicté ceux de mars et de mai 1918? C'est alors que M. Keynes aurait eu beau jeu pour blâmer l'excès de notre sévérité et l'abus de la victoire. Mais que nous en sommes loin !

CONCLUSION

La Juste Paix ! Ces mots que nous avons inscrits au frontispice de notre étude lui serviront de conclusion. Nous ne réclamons que notre droit, mais nous le réclamons tout entier, tel qu'il résulte des traités de Versailles, de Saint-Germain-en-Laye, de Neuilly-sur-Seine, du traité qui reste à signer avec la Turquie. Ces accords internationaux ont été discutés par les plénipotentiaires les plus qualifiés, solennellement ratifiés par les autorités souveraines des pays intéressés. Jamais encore le monde n'avait vu un pareil groupement de nations, appartenant à tous les continents, se réunir pour prendre en commun des résolutions obligatoires pour tous.

La politique des Alliés est nettement tracée. Il n'est permis à aucun d'eux de combattre, ni même de discuter le traité de Versailles, puisque aussi bien c'est celui que l'on invoque constamment et que ce qui est vrai de lui s'applique aux conventions signées avec les ex-alliés de l'Allemagne. Il n'est pas moins hors de propos de déclarer ces pactes insuffisants pour les Alliés que de les dénoncer comme imposant aux Germano-Turco-Austro-Bulgares des sacrifices démesurés.

Nous avons suivi M. Keynes dans son exposé, sans laisser dans l'ombre aucun des arguments qu'il invoque à l'appui de son opinion. Nous espérons lui avoir répondu sur tous les points. Nous nous retournons maintenant vers les Alliés, vers nos compatriotes, et nous leur disons : « Voici un traité qui fait loi. Étudiez-en encore une fois les dispositions et pénétrez-vous-en. C'est une œuvre humaine, donc imparfaite, mais elle est construite avec méthode. Si elle est respectée, elle pourra, pendant de longues années, servir de guide à l'humanité. La battre en brèche, c'est ouvrir la porte à de redoutables inconnues ; c'est avant tout donner à l'Allemagne un prétexte pour se dérober à l'accomplissement de ses engagements. Quel est l'homme d'État qui oserait prendre cette formidable responsabilité ? »

·Le traité de Versailles est l'œuvre commune des Alliés. Au cours des longues discussions qui en ont accompagné l'enfantement, des divergences ont pu se produire, — et se sont produites en effet. Mais on est arrivé à un accord, après lequel toutes les oppositions de vues doivent disparaître. C'est la leçon profonde qui doit être dégagée de la paix, comme l'unité de commandement avait été celle de la guerre. Nous adjurons les grandes démocraties qui forment le nœud vital de l'alliance de se pénétrer de cette nécessité. Selon que la France, la Grande-Bretagne, la Belgique, l'Italie, la Roumanie, la Yougo-Slavie, — pour ne parler que de l'Europe, — seront unies ou non pour l'exécution du traité, la face du monde changera. Le vrai moyen d'assurer la paix, si ardemment souhaitée par la malheureuse humanité, c'est de montrer, à ceux qui doivent les réparations, le front uni de ceux à qui elles sont dues. Que pourront répondre 60 millions d'Allemands aux 200 millions d'alliés (1), lorsque ceux-ci, sans haine mais sans

____

(1) France, 40 millions ; Grande-Bretagne, 55 ; Italie, 38 ; Belgique, 8 ; Pologne, 25 ; Roumanie, 16 ; Tchéco-Slovaquie,

faiblesse, réclameront ce qui leur appartient? Il est de l'intérêt même des Germains qu'ils ne puissent pas avoir de doute sur la volonté unanime des signataires du traité. La certitude qu'ils éprouveront à cet égard découragera les velléités de révolte que ne manquerait pas d'entretenir chez eux l'espoir d'une désunion entre les associés. Ils renonceront alors aux armements inutiles, parce qu'ils auront la conscience de leur infériorité vis-à-vis d'une coalition résolue à maintenir la paix. Ils porteront leur effort vers la constitution d'un budget, dans lequel il y aura place pour les dépenses nécessaires au développement de leur pays en même temps que pour les remises à faire aux Alliés.

Nous avons, au cours de notre travail, essayé de montrer la situation vraie des principaux belligérants au lendemain de la lutte. Si nous avons, une fois de plus, évoqué les ruines accumulées, ce n'est pas pour remplir le devoir douloureux de rappeler aux générations qui viennent les souffrances de leurs

12 ; Yougo-Slavie, 15 ; Grèce, 8. Au total, 217 millions d'habitants, sans compter les colonies ni les alliés des autres parties du monde.

pères, c'est pour établir la comparaison entre vainqueurs et vaincus et pour prouver que ces derniers sont en état d'acquitter leurs obligations vis-à-vis de nous.

Nous aurions pu écarter cette idée qui ne serait évidemment pas entrée dans le cerveau de nos ennemis, s'ils avaient été les plus forts. Quels sont les généraux ou les hommes d'État prussiens qui se seraient préoccupés, au moment de nous dicter un traité de paix et de fixer l'indemnité de guerre, de déterminer nos capacités de paiement? Non seulement ils n'auraient pas cherché à rester en deçà de cette limite, mais ils auraient su prendre, pour le cas où nous ne nous serions pas acquittés de l'intégralité de la contribution convenue, des gages substantiels, dont la conservation leur eût procuré des avantages considérables. Nous ne trouvons rien de semblable dans le traité de Versailles, qui prescrit au contraire aux Alliés, déjà même avant d'exiger la remise des 40 milliards de marks or de bons qui doivent compléter les premiers 100 milliards à remettre par l'Allemagne, d'examiner si cette dernière peut assurer le service des intérêts et du fonds d'amortissement desdits bons.

C'est là que se trouve le nœud du problème. Les rédacteurs du traité ont voulu faire œuvre non seulement de justice, mais d'extrême modération, et ils ont subordonné l'accomplissement non pas de la totalité, mais de la première partie de l'œuvre de réparation, aux facultés du débiteur. Leur erreur a consisté en ce qu'ils se sont imaginé que la détermination de cette faculté est chose aisée, alors qu'elle est pour ainsi dire impossible. C'est un des problèmes les plus effroyablement compliqués qui se puissent poser devant un aréopage de diplomates ou d'hommes d'État, que celui qui consiste à vouloir chiffrer les sommes qu'un pays est en mesure de verser à ses créanciers. Outre que la statistique première et fondamentale qui permettrait de donner à une recherche de ce genre un point de départ précis n'existe pas, elle s'appliquerait, si elle pouvait être dressée, à un jour déterminé, à des objets essentiellement variables. La fortune d'une nation change d'une année à l'autre ; la seule différence des récoltes, du commerce extérieur représente, en quelques mois, des milliards.

D'autre part, est-ce le capital ou le revenu

qu'il convient de considérer? L'un est bien fonction de l'autre, mais, si l'évaluation de ce que possède une nation est déjà une tâche presque surhumaine, celle des revenus annuels de ses citoyens est impossible, tant les divers éléments qui entrent dans ce dernier chiffre sont flottants, mobiles et, dans bien des cas, échappent à tout contrôle, à tout enregistrement officiel. Or l'ordre de grandeur des sommes à payer pour les réparations dues aux Alliés est tel que le seul mode de paiement à envisager, tout au moins pour la majeure partie, est celui des annuités.

L'Allemagne, l'Autriche, la Bulgarie, la Turquie doivent s'acquitter au moyen de paiements annuels, comprenant l'intérêt de leur dette et une fraction d'amortissement. C'est sur les revenus de la nation que ces annuités doivent être prélevées : elles constituent une charge budgétaire. Alors se pose la question de savoir ce que doit être ce budget. Selon que les dépenses militaires qui, pour tout pays, en constituent une si forte part, seront plus ou moins élevées, des sommes plus ou moins considérables resteront disponibles. Il est évident qu'une nation qui a des obligations à remplir vis-à-vis d'autrui n'a pas le droit de gérer ses finances comme elle le ferait en l'absence de tout engagement de ce genre. Elle doit s'abstenir de tout gaspillage, de toute expérience étatiste de nature à entraîner des débours anormaux, de toute politique de conquête qui enflerait son budget; elle doit réduire son train de maison au strict nécessaire, jusqu'à ce que, s'étant acquittée vis-à-vis de ses créanciers, elle retrouve sa pleine liberté d'action. Qui ne mesure les sommes qu'une politique de cette nature, la seule qui soit admissible en la circonstance, laissera disponibles dans le budget de l'Allemagne? Le traité de Versailles a pris soin de limiter les effectifs militaires qu'elle est autorisée à entretenir : de ce chef seul, elle va réaliser une économie énorme par rapport à ses dépenses d'avant-guerre. Il en sera de même pour la marine. Elle n'a plus de colonies et peut donc vivre sans cuirassés ni torpilleurs ni sous-marins ; on voit le nombre de milliards que dégage cette transformation d'un Empire militaire et agressif en une démocratie ramenée à la raison.

Serrons les chiffres d'un peu près. La France, avec 39 millions d'habitants, a un budget ordinaire de 20 milliards ; la parité pour l'Allemagne, avec 63 millions d'habitants, serait de plus de 33 milliards. Mais il y a plus. Le chiffre de 20 milliards n'est pas celui qui représente les sacrifices de la France. Elle a un budget extraordinaire de 7 milliards, dont beaucoup de chapitres sont appelés à se reproduire pendant de longues années et que, dès 1920, nous sommes appelés à fournir, ce qui porte notre total à 27 milliards. Dès lors, c'est 45 milliards qui représenteraient, pour la population allemande, une charge équivalente à la nôtre.

Voyons donc comment le compte s'établit : 3 milliards de francs devraient suffire aux dépenses d'un pays, dont le budget total, à l'ordinaire et à l'extraordinaire, ne dépassait pas ce chiffre il y a une douzaine d'années. En 1906, il était de 2 400 millions de reichsmarks, lesquels représentaient 3 milliards de francs. En admettant que la dépréciation du mark papier justifie une élévation de ce chiffre, il resterait une trentaine de milliards de revenu annuel. Les Alliés ont, pour leur créance, un droit de préférence sur cette ressource, qui, à elle seule, suffit à gager au taux de 6 pour 100, un capital de 500 milliards, au taux de 5 pour 100, un capital de 600 milliards de francs. L'emprunt qui aurait une priorité sur ces revenus se placera peut-être à un cours qui se rapprocherait de ce dernier taux. La voie est dès lors tracée. Il y a lieu de faire créer par l'Allemagne des obligations pour le capital de sa dette, dès que le montant en aura été fixé. N'oublions pas qu'en principe elle doit être égale au chiffre des dommages constatés par la Commission des réparations ; que celle-ci l'arrête par exemple à 300 milliards de francs, soit 240 milliards de marks or, cela ne constituera encore qu'une charge annuelle de 12 milliards de marks or ou 15 milliards de francs, c'est-à-dire beaucoup moins que le revenu disponible : il y aurait une marge considérable pour la différence de valeur entre le mark or et le mark papier.

Ces calculs sont fondés sur l'hypothèse où l'Allemagne ne serait proportionnellement pas plus imposée que la France, alors qu'envisager le cas où elle l'eût été davantage n'aurait rien eu d'excessif. Quand nous supputons la moyenne des charges qui pèsent sur les contribuables français, nous comprenons parmi eux les infortunés habitants des régions dévastées, qui sont dans l'impossibilité matérielle de payer les taxes. La part des autres Français est aggravée d'autant ; et c'est au chiffre ainsi rectifié et majoré qu'il y aurait lieu de comparer les impôts allemands, afin de savoir s'ils atteignent la limite minima fixée par le traité de Versailles.

Les pages qui précèdent fournissent des points de comparaison d'après lesquels il est possible de faire une première évaluation des facultés contributives de l'Allemagne. Mais celles-ci ne peuvent être mathématiquement déterminées à l'avance. De même que, pendant les dernières années du dix-neuvième siècle et les premières du vingtième, la puissance économique de nos ennemis avait grandi à une allure extraordinairement rapide, de même il est vraisemblable que, dans l'avenir, leur fécondité et leur esprit de travail aidant, ils reprendront cette marche en avant dans la voie du progrès industriel et agricole, où ils étaient si énergiquement entrés.

Si, en l'année 1888, au moment où Guillaume II montait sur le trône, un économiste prophétisant eût énoncé les chiffres de la production de l'Allemagne de 1913, on l'eût traité de visionnaire. De même aujourd'hui celui qui prédirait la facilité croissante avec laquelle ce pays pourra faire face à l'annuité destinée à éteindre en une période déterminée le capital de la dette des Empires centraux et de leurs ex-alliés vis-à-vis de nous, étonnerait beaucoup de ses auditeurs. Il est cependant probable qu'il aurait parfaitement raison. On a effrayé les imaginations timides par le chiffre des centaines de milliards auquel s'élèvent les dommages causés aux Alliés, comme s'il s'agissait de transférer d'un seul coup un trésor métallique de cette importance du patrimoine des vaincus dans celui des vainqueurs. Le problème ne se pose pas ainsi. Il ne s'agit pas pour les Allemands de verser cette somme en une fois ; nous ne leur demandons que de s'en reconnaître débiteurs, et nous leur donnons ensuite un délai suffisant pour en régler l'intérêt et l'amortissement.

L'erreur fondamentale de M. Keynes et des trop nombreux lecteurs que ses développements ont égarés a consisté à ne voir qu'un côté du problème et à ne jamais établir de parallèle entre les charges de l'Allemagne et celles des Alliés. Il a constamment raisonné comme si, dans le monde de demain, la première allait avoir à soutenir la concurrence de peuples libres de toute dette, ne payant que peu ou pas d'impôts, se retrouvant, par un coup de baguette magique, en possession de leurs moyens d'action d'avant-guerre. C'est le contraire de la vérité. En ce qui nous concerne, nous Français, nous avons montré l'effort financier que nous accomplissons en ce moment même, et nous ne cesserons de répéter que l'Allemagne, en se bornant à établir des impôts équivalents aux nôtres, aura amplement de quoi s'acquitter vis-à-vis de nous. M. Keynes, dans une préface qu'il vient d'écrire pour la traduction française de son livre, déclare que les événements qui se sont succédé depuis qu'il l'a écrit l'ont convaincu que les évaluations qu'il a données des ressources de l'Allemagne, loin d'être trop faibles, sont probablement trop élevées.

TABLE DES MATIÈRES

Pages.

PRÉFACE.. I

CHAPITRE PREMIER

UNE ABERRATION : LE LIVRE DE M. KEYNES

I. — Le plaidoyer progermain...................... 1
II. — La critique du traité........................ 12
III. — Les prétendues violations des quatorze points
du président Wilson.. 23
IV. — Les calculs de M. Keynes.................... 30
V. — La revision demandée...................... 36
VI. — Le règlement des dettes interalliées........ 46
VII. — Idées néfastes et dangereuses............... 52

CHAPITRE II

LE TRAITÉ DE VERSAILLES
AU POINT DE VUE ÉCONOMIQUE

I. — La genèse du traité...................... 57
II. — Clauses fondamentales.................... 59
III. — Commission des réparations.............. 67

Pages.

IV. — Application directe des ressources économiques de l'Allemagne à la restauration des régions envahies.. 71
V. — Clauses navales.. 76
VI. — Clauses financières.. 80
VII. — Clauses économiques.. 86
VIII. — Transports.. 96
IX. — Traités autrichien et bulgare.. 99
X. — Considérations générales, jugements américains.. 108
XI. — L'opinion anglaise et le livre de M. Keynes. 117

CHAPITRE III

LES RÉGIONS ANÉANTIES
ET LES PUISSANCES ALLIÉES

I. — Départements français envahis.. 121
II. — Immeubles bâtis et non bâtis.. 124
III. — Industrie.. 128
IV. — Entreprises et moyens de transport et de communication.. 143
V. — Commerce et professions diverses ; résumé. 145
VI. — Belgique.. 146
VII. — Roumanie.. 149
VIII. — Italie.. 154
IX. — Serbie.. 160
X. — Conséquences financières des dévastations.. 169

CHAPITRE IV

LA CAPACITÉ DE PAIEMENT DE L'ALLEMAGNE

I. — La fortune allemande avant la guerre....... 184
II. — La situation actuelle en Allemagne........ 197

Pages.

III. — La paix que nous eût dictée l'Allemagne victorieuse 203
IV. — Les traités de Brest-Litovsk et de Bucarest 218

CONCLUSION............... 226

PARIS. TYP. PLON-NOURRIT ET Cᶦᵉ, 8, RUE GARANCIÈRE. — 25184.